翅膀的痕迹
——陈龙教育笔记

上海市吴淞实验学校 / 编

上海社会科学院出版社

编者的话

陈龙校长,中学高级教师,宝山区骨干校长。1965年出生,毕业于上海师范大学政教专业。1987年到刘行中学工作,2003年入党并任学校总务主任兼工会主席,2005年任学校副校长兼工会主席,2007年任刘行中学校长。在担任校长期间,陈龙坚持一手抓质量,一手抓校园文化建设,确立了"立足基础,全面发展,质量立校,特色亮校"的办学理念。围绕这一办学理念,他坚持抓好精细化的教学管理,严格要求教师"精心备课,精致上课,精品作业,精细辅导"。他重视薄弱学科建设,学校语文、英语两门学科原本一直低于区平均分,他通过两年的努力,使学校的语文、英语学科不仅远超区平均分,还使得学校的教育教学水平挤进公办学校前列。2009年,在教育局的牵头下,刘行中学与虹口区新华初级中学结成合作联盟,两校取长补短,进一步巩固了刘行中学的教学质量。在此同时,陈龙校长着眼于学生的全面发展,打造学校特色,使刘行中学的劳技、定向与无线电测向两项特色,冲出宝山,冲出上海,走向全国,并多次摘得全市、全国比赛的桂冠。

2011年年底,受教育局安排,陈龙调入吴淞实验学校任校长。陈龙校长以刘行的底蕴、刘行的办学经验,向吴淞实验学校辐射。首先确立了办学理念:交给我希望,还给你满意。在这一理念的统领下,他孜孜以求地着力抓好四件大事:(1)抓好队伍建设,稳定、勤奋、进取、创新是主基调。(2)聚焦课堂,提升质量,以最大限度确保教学质量稳中有升。(3)抓薄弱学科建设,以创新优质为契机,从教学源头上抓好化学学科,使化学学科成为区内的强势学科。(4)发展学校特色,打造学校名片。特色学科形成课程体系,特色项目走向全国,特色学科成为集团的优势。吴淞实验学校已成为老百姓家门口的优质学校,深受老百姓的欢迎。

2021年4月7日上午,陈龙校长突发疾病,倒在了工作岗位上。为了纪念陈龙校长对教育事业的用心投入与出色奉献,特将他一生所撰写的教育笔记结集出版,以表纪念。

上海市吴淞实验学校

2021年7月

目 录

编者的话 ················· 上海市吴淞实验学校　001

加强思想品德学科法治教育的实践研究 ············· 001
新课改背景下教研活动形式的创新 ··············· 010
让课堂教学成为展示教师德业兼修的舞台
　　——刘行新华实验学校课堂教学实践的研究报告 ········ 014
研究课堂教学，探求教师的德业双发展 ············· 025
让学生在"快乐晨读"中快乐成长 ··············· 032
论教师的幸福 ························ 040
依法治校与和谐发展 ····················· 043
真心理解学生的情感 ····················· 046
在思想政治课中开展课堂讨论的探索 ·············· 050
博采华初之优秀，扬我刘行之品质
　　——刘行新华实验学校与新华初级中学教育合作周年记 ····· 053
借助外力，提升教学质量 ··················· 058
与时俱进谋发展　锲而不舍创一流 ··············· 063
走"新优质"发展之路 ···················· 068

契约式班级管理的研究与实施 …………………………… 072
创建学习型学校　打造自主教育品牌
　　——吴淞实验学校发展五年规划(2016—2021年) ………… 077
五育并举育新人　自主教育创品牌
　　——吴淞实验学校发展五年规划(2021—2025年) ………… 099
新农村中学生自主管理下的晨间习读的实践形态研究 ………… 117

加强思想品德学科法治教育的实践研究

一、问题的提出

（一）在全面提倡依法治国的今天，需要加强法治教育

邓小平曾经说过："加强法制重要的是要进行教育，根本问题是教育人。"他又强调："教育要从娃娃抓起。"青少年是国家未来发展的主力军，其世界观、人生观和价值观具有很大的可塑性，如果不抓住时机加以引导，会导致很多社会问题。"十八大"以来，习近平总书记对加强法治宣传教育提出了一系列重要措施。在宣传对象上，他强调坚持法治教育从娃娃抓起，把法治教育纳入国民教育体系和精神文明创建内容之中，由易到难、循序渐进，不断增强青少年的规则意识。

当今时代，广大中学生的法制观念虽然有显著提高，但现阶段对中学生的法治教育依然存在一些问题。比如，思想品德教育中法律部分的教育有所缺失；家庭、学校、社会在社会主义法律教育上没有有效的整合联系，造成思想品德教育与法治教育脱节；青少年的法律意识不强、法律素质低下，行为失范、违法乱纪的事件屡屡发生，影响了家庭安宁和社会的稳定。因此，法治教育是新时代思想品德教育的一项重要而艰巨的任务。

如何在思想品德教育中有效加强法治教育，已经成为一个非常值得深思和研究的重要课题。我们可以借鉴国内外学校对青少年学生法治教育的有效方式，学习先进的思想品德教育和法制教育融合的方法，不断完善青少年的法治教育体系，使法治教育体现

出内容的时代性和方法的科学性,发挥预防青少年犯罪的积极作用。

(二)目前思想品德课法治教育的现状

为了有效加强法治教育,我深入地从使用的教材、教学的方法、教学的资源等方面进行了研究,发现目前的法治教育有以下问题。

1. 课程内容分散,比重较少

法治教育对建立法治国家、造就法治人才和培养守法公民具有不可替代的作用,在学校开展法治教育是教育青少年知法、守法,减少青少年犯罪的有效途径。在 2016 年之前,在我国中小学法治教育课程中,法治内容并未作为基础课程列入课程标准或者教学大纲中,而只是作为思想品德课程的一部分。而在学校课堂教学中,法治教育又被安排在次要地位,没有专门的法治教育课程和固定教材,没有专业的法治教育教师,没有系统的评价机制,因此很难形成渐进、科学、合理的法治教育体系。

作为承担着学生德育重要任务的思想品德课程,融合了有关中学生法律教育的内容,但是一方面内容分散,缺乏连贯性和系统性,没有形成成套、统一的教学内容;另一方面思想品德课程中的零星法律知识也仅仅局限于枯燥的概念和理论灌输,忽视学生的主体参与和情感体验,很难达到观念提升和践行的层次与水平。因此,学生很难接受到统一的、系统的法治教育,导致学生对法律知识产生心理上的不重视,不利于树立法律的信仰。此外,思想品德课的地位是不被重视的,作为课程内容之一的法律知识就更是"无人问津",只能被忽视。

2. 缺乏法治学习的实践活动

对于学生而言,不仅仅要学习法律知识,更重要的是学会运用法律知识,树立法治观念。课堂学习给予学生的平台是有限的,学生需要更多的机会在实际生活中感悟、体会与运用。然而,在现行教育评价体制下,学校往往把重心放在学生的课堂学习上,忽视开展与法治教育内容相关的课外实践活动与专题活动。大多数学校的法治教育局限于课堂教学,且教学方法简单,往往是一个案例分析了事,很少让学生走出校门学习,或者邀请法学方面的专业人士与学生互动,因此造成学校教育和家庭教育、社会教育的脱节。

3. 适用的法律教育资源缺乏

学校教育中缺乏法律资源,包括课程资源与教师资源。据中国青少年研究会调查统计,我国约有1 000万"闲散"未成年人,他们本该在校读书,却因各种原因流落到社会上,由于文化水平低、法治观念淡薄,在社会上得不到良好的教育,从而成为青少年犯罪的主体。当前的学校教育中,法治教育被纳入学校德育的一个部分,从属于道德教育,将法治教育与道德教育混为一谈,致使法治教育只能渗透于道德教育之中。

此外,思想品德课教师兼任学生法治教育的职责,但是多数教师没有经过正规的法治教育培训,很少完整了解法律,自身的法律意识和教学方法必然会存在欠缺,在教学过程中只能照本宣科,缺乏案例教学和课堂的灵活性,甚至有时还会对法律进行误解读。学生没有了学习的兴趣,这也是造成学生学习法律效率低下的原因之一。

二、加强法治教育的实践研究

(一)在教学中增加适合进行法治教育的内容

首先,完善课程设置,通过在思想品德课教学中加强法治教育,促进思想道德教育与法治教育均衡发展。新课程改革注重不同课程领域对学生发展的独特价值,主张课程功能的整合,淡化学科界限,实现跨学科融合,加强课程内容与学生生活及社会生活的联系。在思想品德教育中进一步加强法治教育,是在保持各自独立性的基础上,汲取各自领域内的有关因素,使之互相渗透融合,结合生活实际以及中学生身心健康发展状况,形成一个有机的教育系统,全面促进中学生思想品德素质和法律素质的发展。

由此,我从课程编排、教学方法等方面进行变革,改变无体系、杂乱的法治内容,结合中学生对法律知识的接受程度,结合思想品德教材的具体内容,结合法治社会建设的目标,对思想品德课程的内容进行与时俱进的调整和改革。在进行品德教育的同时,加强相关法律知识的内容,强化法治与德治的结合,同时开设了法治教育的社团课和研究性课程,着手编写适应性强的校本课程,促进法治教育与道德教育的融合。学生在学习法律知识的同时提升了思想品德素质,在学习优良品质的同时又能上升到法律高度。

其次,在不同学段设计不同的法治教育的内容,以实现不同的法治教育目标。在道德认知发展理论中,科尔伯格将儿童的道德发展阶段扩展为三种水平六个阶段,青少年对思想品德的认识和对法律的掌握需要一个解决认知冲突的过程,需要在心理矛盾冲突的过程中,做出正确的道德判断和行为选择。因此,对中学生进行法治教育,需要遵循人的认知发展规律,根据不同年龄阶段的认知发展水平、性格特点,调整教育目标、内容以及实施方法。

将法治意识的培养贯彻在思想品德课的教学过程中,贯穿初中各年段的教学过程中,这将有助于逐步培养学生的法治意识。初中思想品德课程在不同年级各有侧重点。六年级侧重于使学生了解道德、规范、守则、法律的区别,在学习《中学生守则》《中学生行为规范》的同时,了解未成年人保护法,初步形成规则意识、法治意识。七年级侧重于使学生了解一些基本法律知识,培养自我教育、自我管理的能力,做到心中有法。八年级可以引导学生在依法维权的同时积极履行法律义务,明确权利与义务的一致性,做到尊法守法。九年级侧重于增强宪法意识,提升公民责任意识,化观念为实际行动。

（二）设计法治学习的实践活动

培养学生法律意识，不仅需要教师提高自身法律素质，不断优化课堂教学，运用灵活多样的教学手段，而且需要联系社会开展实践活动，深入生活寓教于乐，提高学生学习法律的兴趣和自觉性。因此，要加强思想品德课的法治教育，就要设计丰富多样的学生实践活动，通过体验教学、时事热点分析、课后探究实践等教学方法让学生掌握法律知识。

1. 运用体验式教学，注重生活体验

体验式教学，是对灌输式教学方法的变革，是在教学活动中，从学生自身发展规律出发，以学生为主体，通过创设情境呈现教学内容，让学生在身临其境的氛围中理解知识，产生情感，将知识内化为个人内在观念的一种教学形式。对于学生而言就是一种实践，教师是实践活动的引导者，学生是实践活动的主体。

那么在思想品德课的法治教育中如何让学生去"体验"呢？教师可以通过创设情境、提供真实恰当的案例等具体方法进行知识的渗透，将法律知识与实际生活联系起来。比如关于"网络暴力"的话题，教师可以寻找由于校园内"网络暴力"事件的发生导致学生之间矛盾被激化，最终产生恶劣后果的真实事例，让学生明白言论自由是相对的，网络言论不当也是违反法律的行为，并不是想说什么就能说什么的；还可以设计一些情景剧，事先排好小品录制成微视频，让学生感受思考，这样，参与排演的学生会印象更深刻，而观摩微视频的学生因为是同学表演而会更感兴趣，体验更深。

2. 运用时事热点教学，注重关注社会

教师挖掘社会热点，创设一种与教学内容相符合的环境，服务于课堂教学，让学生主动融入这样的环境。例如，在九年级第五课《珍惜权利　履行义务》的教学中，教师可以现在非常流行的"共享单车"作为学习探究的主题,让学生了解"共享单车"在使用过程中出现的各种问题,如随便乱扔、不好好爱护等,引导学生学会爱护和保护身边的公共设施,提升社会责任感,同时也让学生明白爱护公物是遵守社会公德的表现,也是每个公民应尽的义务,树立权利和义务统一的意识。

3. 运用课后探究,创建法治教育"第二课堂"

法治教育仅仅靠课堂教学是不够的,还需要开展丰富多彩的法律专题实践活动,这样才能使学生真正入脑入心,引导行为。我们既要走出去,比如,和学校德育室联合,组织学生去公安、司法等部门参观学习,请法院相关专业人员尤其是少年法庭的法官给学生案例说法,用最真实的案例带给学生心灵的震撼与冲击,达到警示作用;又要引进来,比如,目前学校都有聘请法律工作专业人员,可邀请政法系统的公职人员、律师行业代表、道德模范先进等作为法治教育兼职教师,由他们定期为学生开设法治教育专题讲座,提高学生学习法律知识的积极性。

(三) 搜集整合各种适用的法律教育资源

教师在开展法治教育时需要有意识搜集适合中学生的法律教育资源,同时对资源进行整合,使资源为我所用,真正发挥其应有的作用。

1. 大力发挥网络资源

现代社会,是信息化与智能化高速发展的时代,网络已经成为中学生获得信息的重要渠道,但是网络世界充斥着各种好的与不好的信息,对正处于思想成形期的中学生而言,起着很重要的导向作用。因此,我们一方面要净化网络环境,另一方面也要积极发挥网络资源的优势,发挥网络资源的教育功能。比如,在开展法治教育中,利用一些专门针对青少年学生的思想品德和法律知识教育的栏目,引导学生学习、浏览,宣传法治精神,弘扬社会正能量。再比如通过微博、微信、QQ等网络平台,帮助中学生及时掌握法律新动态。

2.发挥媒体舆论的教育与监督作用

在教学中根据学生的身心特点,充分利用当前的热点,如以新颁布的法律法规和社会法制新闻作为节目的素材,采取中学生能够接受并且喜闻乐见的形式制作微视频、微课等,进行道德规范和法律知识的宣传教育;同时在教学中积极发挥舆论的监督作用,巧妙利用身边的真实事例,坚决抵制不道德的行为,形成良好的社会道德风尚以及尊法守法的法治环境。

三、思想品德教育与法治教育的关系

（一）法治教育能够弥补思想品德教育的不足

思想品德教育是一种自律教育,通过鼓励和肯定良好的品德,谴责和否定不良的品行,营造良好的舆论氛围。法治教育是惩恶扬善的过程,是传播守法行为和高尚品德的有效途径,一个公正有序的法治社会对人们来说就具有无形的道德教化作用。一个社会,如果缺少法律规范的权威和保护作用,思想品德教育就不能达到良好的效果,毕竟少数人靠自觉,多数人靠法律。因此,当思想品德教育对青少年行为的影响不明显时,就可以通过法律规范的强制性和权威性,对青少年的行为加以约束,从而不断完善对青少年的教育。

（二）思想品德教育能够弥补法治教育的不足

思想品德教育是一种改造人的主观世界的活动,使人们掌握认识世界的科学方法,提高分析和解决问题的能力。法律教育只是约束人的违法行为,不能控制不道德行为,难以拓展到思想领域。很多时候,一些不道德行为不属于法律追究的范围,但并不表示这些行为符合社会道德准则并且值得肯定的。因此,法治教育也有其局限性。所以,我们需要依靠思想品德教育的心灵感召力

和广泛的道德渗透来弥补法治教育的不足,引导中学生守法、尊法,通过引起他们的思想共鸣来实现约束自己行为的目的,降低法律实施过程中的交易成本。

四、反思与提高

（一）开展法治教育能增强中学生法治意识,做一个懂法、守法的公民

中学生发展处于半成熟半幼稚阶段,一方面生理和心理没有发育成熟,自我保护意识很强;另一方面缺乏法治观念,在是非面前容易立场不坚定,当受到外来诱惑时,很容易失足甚至违法犯罪。因此在思想品德课中加强法治教育,学生才能改善法律知识欠缺、法律意识淡薄和法律素质较低的现状,才能用正确严肃的法律观念衡量是非善恶,知道什么是合法的,什么是违法的,什么可以做,什么不可以做,最终在实际生活中养成自觉遵守法纪的好习惯,达到知行统一,实现社会的和谐与稳定。

（二）开展法治教育能更好地提高中学生的品德素养

思想品德课教学的目的是立德树人。良好的法律教育能够更好地规范中学生的行为,良好的思想品德教育是对中学生思想和心灵上的洗礼,有利于弘扬人类的美德和智慧。法治教育能够保障思想品德教育的有效实施,思想品德教育具有法律教育无法具备的广泛性、灵活性等特点,对于法律触及不到的不道德行为领域,可以通过思想品德教育进行价值观和人生观的纠正。

（三）开展法治教育能贯彻依法治国方略,为建设社会主义法治国家而努力

只有切实加强思想品德课程教学中的法治教育,才能增强中学生的法制观念,保证中学生的健康成长,才能帮助中学生掌握和运用法律知识,规范自己的行为,减少因精神空虚、道德滑坡造成的不可弥补的恶性后果,才能培养青少年学生高尚的道德品质,使

他们树立正确积极的世界观、人生观与价值观。

  我国正在进行社会主义法治国家的建设,这一社会主义民主政治建设的重要工程离不开法律的支持,离不开法律之外各种要素的有力保障。法治建设需要每一个公民的拥护。中学生作为社会未来发展的中坚力量,他们法治意识的强弱是建设社会主义法治国家的重要标尺。在依法治国的和谐社会的背景下,我们要不断加强中学生的思想品德教育和法律教育,不断提高中学生的法治意识。

新课改背景下教研活动形式的创新

新一轮的基础教育课程改革是一次自上而下的全方位的改革,教育部颁发的课程改革纲要及各学科课程标准中,提出了许多全新的理念。如何将这些先进的教育理念真正转化为教师日常的教学行为,是取得本次课程改革成功的关键,同时,这又是一个难点。教师们在实践新课程的过程中,碰到了许多的问题和困难,他们最缺乏的就是将理念转化为行为的方法和策略。教研活动,特别是校本教研开展将是帮助教师解决问题与困难、实现理念与实践沟通的有效途径。但从学校教研工作的现状看,教研活动形式的传统、单一和僵化还是较为普遍的现象,难以适应课程改革的需要。为此,我们在课程改革的背景下,对教研活动形式的改革和创新作了一些实践与探索,以下择要介绍四种。

一、学术沙龙式教研活动

学术沙龙是一种由同一学术团体成员参加的,可以自由发言的专题讨论会。我们把学术沙龙作为教研活动的一种形式,每次就一个课改话题展开讨论,不强求统一的结论,旨在开阔思路,引导思考,加深教师对某一问题的认识,寻求更多的教学策略。

此种教研活动形式适用于对教师不易理解或存在争议的问题的澄清,或是对教学策略最优化的讨论。如以"语文教学中如开展探究式学习"为主题的学术沙龙,教师可围绕"探究式学习作为理科教学中常用的学习方式是否也同样适用于语文等人文学科的学习,在语文课中可让学生探究哪些内容、教学模式如何、教师的作用如何发挥"等问题自由发言。通过交流,教师们自然加深了对探究这一学习方式的认识,同时还可形成许多教学策略与方案,只要经过进一步的比较筛选,便可用于指导教学实践。

在学术沙龙式教研活动中,我们还可尝试借鉴"头脑风暴"和"中立主席"等策略,以取得最佳的效果。"头脑风暴"又称"智力激励法",最早是由现代创造学奠基人奥斯本提出的。运用此法开展学术沙龙式教研活动,一般是由组织者以一种明确的方式向所有参与教师阐明中心问题,然后让每位教师在一定的时间内自由提出尽可能多的想法和方案,在此过程贯彻"无错原则",不允许任何的批评与指责,并做好详细记录,稍后再进行整理与分析。"中立主席"则是英国课程专家斯坦豪斯的创造。它要求活动组织者必须在活动前尽可能多地搜集与讨论问题相关的资料,提供给大家,在此基础上引导大家展开充分的讨论,并确保讨论过程的连续性,但在活动过程中对讨论的问题必须始终保持中立的态度,不能利用自己的权威对讨论进行控制与限定。运用以上两种策略开展学术沙龙教研活动,有利于发挥每个参与者的积极性、主动性和创造性,从而对问题形成更全面、更深入的认识。

二、对比教学式教研活动

对比教学式教研活动是指针对课程改革提出的新理念、新要求、新方法,通过设计不同的课堂教学对比来加深认识,寻求教学的具体对策。

对比的方式可以是多样化的,可以将早几年的课堂教学录像与按新课程理念设计实施的同一内容的教学进行对比,可以是同一教学内容由不同教师按各自不同的设计进行教学对比,也可确定一个教学内容,由一位教师自行备课后实施教学,教研组成员听课后再对照新课程的新理念、新要求进行集体备课,然后由同一位教师再进行课堂教学实践，进行前后对比。

对比教学式教研活动比较适合运用于课改纲要及课程标准中提出的一些具体的、操作性强的要求、方法的贯彻和实践。如"过程与方法目标如何在课堂教学中体现""怎样提高小组合作学习的效率""探究性阅读和创造性阅读的实施对策"，等等。利用对比教学式开展教研活动，较为直观形象，操作性强，利于教师对新理念、新要求、新方法的接受与把握，先进的教学理念易于转化为教学行为，因此，也深受教师们的喜爱。

三、课例分析式教研活动

课例分析式教研活动是借助必要的媒体手段，运用一定观察与诊断技术，对于某一堂课（可以是代表当前教学现状的课，也可以是根据新课程的理念要求设计的课）进行深入的剖析和反思，作出较科学的评价，寻求更有效对策的一种教研活动形式。这种剖析与反思可以是围绕某一个专题进行，也可以是对整个课堂的全方位、多角度的观察与诊断；可以通过课堂观察记录、师生问卷访谈、作业练习等进行分析，作出定性判断；也可以借用数据统计技术，得出定量的分析，如教师提问行为类别频次统计、提问技巧水平检核、弗兰德语言互动分析、教学时间统计分析等，不同的统计技术可以反映出不同的问题。

课例分析式教研活动需要一定的技术条件和设备，如摄录像设备或录音设备、计时设备、相关统计量表等。参与研究的教师要有明确而细致的分工，对教师们的技术要求相对较高，所费时间与精力也较多。但其优势在于可以帮助教师更科学、更深入地认识日常教学中未发现或不重视的许多问题，再通过教学策略的改变，有效地提高教学效率，将新课程理念落实得更到位。此类教研活动安排要做到少而精，要精心挑选教师实践中的典型课例进行分析，以取得举一反三的效果。

四、课题研究式教研活动

课题研究式教研活动是将教研与科研有机融合的教研活动形式。它以教学改革过程中遇到的较复杂的问题或内容为研究对象,制订分步骤研究计划,在一段较长时间内,围绕同一专题多次反复研究,探寻教学对策,逐步解决问题。与常规的教研活动相比,它具有更深入、更规范、更科学、更具针对性等特点。

课题研究式教研活动比较适用于课程改革中提出的具有超前性的,教师们不太熟悉的,或者在短时间内难以解决的新理念、新内容、新要求、新方法的认识与实践。如新课程的教学评价、语文综合性学习的实施、中小学生古诗诵读,等等。例如,在以往的作文教学中,都是以写纪实类习作为重点,很少有想象作文的内容。而《语文课程标准》中明确提出了要"激发学生展开想象和幻想,鼓励写想象中的事物"。可是,让学生多写想象作文,会不会产生更多的空话、假话?哪些内容的想象适合学生写?怎么指导才能使学生张开想象的翅膀?教师们都很困惑,可资借鉴的资料和经验很少。为此,我们在一所学校中尝试应用"课题研究式教研活动"加以研究,参与研究的教师在半年多的过程中,反复地进行课堂实践与分析讨论,在研究中提高了认识,找到了策略,积累了经验。

课程改革需要教研活动的有力支持,教研活动只有不断创新,才能更好地为教学改革服务。只要我们勇于实践、敢于创新,一定会创造出更多、更新、更有效的教研活动形式。

让课堂教学成为展示教师德业兼修的舞台

——刘行新华实验学校课堂教学实践的研究报告

一、研究背景

我校承担了区教育局党委统领的重点课题"教师德业兼修教学实践形态的本土构建"子课题的研究,经过近几年的艰苦探索和实践,取得了很大的效果,促进了学校的教育教学工作。本课题研究也为我校教师的德业双发展搭建了平台,促进了我校教师队伍的建设,为我校进一步提升教师的德业水平寻找到了更加坚实的理论支撑。同时我们感到,其中还有很大的空间值得我们进一步去思考和探索。

传统的教师成长评价,更侧重于教师的专业化水平,除了因为教师专业发展有心理学理论的支撑以外,更重要的,它有许多可监测和评价的指标,换言之,其操作性很强,而有关师德的研究由于缺乏心理学理论的支撑,对教师实际的师德提升缺乏更强的说服力。更重要的是,人们总是认为教师的师德提升是一个个体反思和修炼的过程,外在干预难以奏效。于是乎,有关教师专业发展的研究越来越细化,提出的教师专业发展的框架越来越科学,但师德研究却陷入一种不断萎缩的状态。这也导致了对于师德的评价只停留空洞的口号上,只要拥护党的领导,坚持四项基本原则,等等,就是师德合格。

长期以来,教师的师德成长只能在社会背景、规章制度的约束下,自生自灭地发展,教师的职业成了很多人作为谋生的手段。近年来,这种局面有所改变,教师队伍建设,内涵发展的呼声越来越高,一些研究者开始研究师德与专业水平的关系,对教师的专业知识进行了新的界定,认为专业知识虽然和活力、行动及问题解决有关联,但也和情绪、动机以及信念系统密切相关,这就为我们揭示了业和德的关系。

  教师的教学实践也证明,教师的专业和师德是一个综合体,在教学各个环节上都是相互依赖、共同影响着教师的教学,最终影响着教学质量,课堂教学无疑成了展示教师德业的舞台,区别是业是显性的,而德是隐性的。

  刘行中学从1958年建校起,已有53年的历史,笔者从1987年起进入学校,在长达20多年的教师岗位上,深谙教师备课上课之道。教师的备课基本上是三年不备课,备课用三年。认真的教师在书上、备课本上写几笔,不认真的教师干脆用老"剧本",在这样的模式下,教师上课的质量可想而知。凭着教师的奉献精神,借助额外的辅导和补课,教学质量还算可以,但始终在全区的中等上下徘徊,要想有所突破,简直难上加难,成了制约我校提升的一个瓶颈。教师队伍德业建设,基本上处于自觉状态,教师的德仅是体现在工作认真肯奉献上,教师的业体现在教师管得住学生以及教学质量上。部分教师特别是不自觉的教师无所事事,之所以没事做,是因为他们满足于上好课了,一天的工作完成了。周而往复,教师的工作成了机械化的重复,于是,枯燥无聊成了教师工作的主调。笔者在校长岗位近4年,一直努力地尝试在发扬我校教师敬业的优良传统的前提下,让枯燥无聊的氛围转变为充实满足的精神家园。归纳起来两个字,就是让教师"研究",即在精细化、规范化的前提下研究备课、研究上课、研究作业、研究学生、研究错题,教师因研究而充实,因研究而幸福,因研究而促进德业双发展。

二、核心概念的解读

在课题研究过程中,我们紧紧抓住核心概念在理解中提升,在理解中实践,在实践中积淀。

1. 对"教什么"精准定位——德的灵魂和源泉

这是任何一个教师,在进行教学活动之前必须要正确对待和仔细研究的一个大问题。一节课是否有效,关键是看教师对"教什么"是否能正确的定位,以及对"教什么"这一问题的科学严谨的态度,这首先就是一个"德"的问题。"教什么"应该是建立在对新课程标准的把握,对教材深刻的理解分析的基础上,所给出的科学判断和定位。如果我们的所有教学活动,教师都能正确定位"教什么"的话,何愁我们的教学没有效果?这就是第一位的"德",要求我们教师用心研究、共同探究来完成。教师心目中首先必须一清二楚,失去对"教什么"的正确定位,一切的教学活动都是无效的,都是对学生极端不负责任的。

2. 组织教师探索"怎么教"——德的具体表现

"教什么"是目的,"怎么教"是方法和手段,二者是不可分的。"怎么教",必须要紧紧围绕"教什么"而开展,因此教师的"怎么教",必须要用最简单的方法、最有效的手段、学生最能接受的途径展开。这就是我们平时最关注的所谓"教师专业化水平"即"业"。实际上,教师的专业化水平应该涵盖"教什么"这个中心。一个优秀的教师,如果他所任教的学科,连"教什么"都搞不清的话,他也就不可能成为优秀的教师。因此,我们在考量教师的"业"的时候,不能把"教什么"和"怎么教"割裂开来,而我们一般在讲教师专业化发展的时候,更多的是考虑后者。

教师的"怎么教",一方面是德的体现,教师用心研究教学方法,在课堂上关注学生,体现二期课改的理念,以学生为主体,组织课堂讨论、学生对话,留时间给学生,让学生充分提问,给学生思考的余地等，所有的一切所显示的理念，首先体现了"德"；另一方面，这也是教师"业"的体现，课堂上这些组织形式，就其方法和手段来说就是"业"。教师"业"的水平高低，就是取决于组织形式是否科学合理，是否体现理念，是否把"教什么"全部通过"怎么教"这一手段，有效地教给学生，学生是否有效内化为自己的知识。因此，我们在关注教师"怎么教"的时候，更应关注"教什么"的问题。这应成为德业双发展的中心。

3. 精选作业和个别辅导——德业双发展的延伸

作业要为巩固课堂的知识而服务，要为学生内化本课知识而服务，因此，作业的编制一定要精细，即用心编制作业。学生个别辅导是最终解决教学内容的最后一个环节，只有让学生掌握了教学中最基本的东西，这堂课的教学流程才算真正完成。这如果没有"德"的话，是很难做到的。

三、研究思路和研究内容

在教学精细化管理逐步推开的影响下，我们觉得，在这样的大背景之下，推广我们的想法和做法的条件日益成熟，这是强化教师队伍内涵建设的重要抓手之一。从制度上看，硬性使教师从粗放型逐步向精细化转变，这一转变对教师来讲是一个痛苦的过程，但是一旦形成习惯，获益最大的不仅是教师，更是学生。同时，教学精细化管理的确有利于教师致力于教育教学，有利于教学质量的提高，有利于学生从繁重的学业中摆脱出来。但这毕竟是在给教师压担子、加任务，因此，我校根据情况，逐步铺开，不全盘开花。我们认为，首先要从教学环节中最基本的备课环节着手，这是其他几个环节的基石。我们感到，学校搞课题，一定要坚持两个原则：一是基于实践的研究，是为了促进学生发展这一目标；二是基于存在问题的研究，是为了促进学校进一步发展这一目的。按照这样的原则，在规范、精细教师备课这一环节上，我们想解决一个问题，即"教什么"的问题。

1. 对于"教什么"的策略研究

我们认为这是精细化备课的灵魂,也是教师上好课、上有效课的前提和基础,教师在备课前及备课时必须要做好以下几项功课。

备课前,同学科同年级教师:

(1) 深刻把握本课知识在学科课程标准中的表述与地位。

(2) 深刻把握本课知识与学科知识体系的关系。

(3) 深刻把握本课知识点在考纲中的表述与地位。

(4) 备学生,了解不同学生现有的知识结构及学习新知中可能出现的障碍点。

(5) 备自己,根据自身的特点,采用一种最有效的方法。

备课时:

(1) 教学目标的精准度,尤其是知识与技能目标精准定位。这是精细化备课的关键,也是有效课堂的关键。

(2) 教学目标应体现最近发展区的原则。

(3) 教学目标的达成,应强调过程与方法。

为了便于教师更好的实施与操作,便于新教师尽快适应教师工作,我们在总结了大量的、有效的备课模式基础上,设计了教师精细化、规范化备课流程图(见图1),并设计了试卷评讲课流程图(见图2),以保障精细化备课的实施。

2. 对基本模式的解释

(1) 备课流程。

——教学目标的制定。我们认为:教学目标的制定,就是解决"教什么"的问题。我们要坚决杜绝随意性的、经验性的制定教学目标。这是决定整个教学活动是否有效的中心点。教师在备课过程中,所有的思考都应紧紧围绕"教什么"来展开。这不仅仅体现的是教师的工作特点,更体现的是教师是否负责任,是否具有崇高的师德。

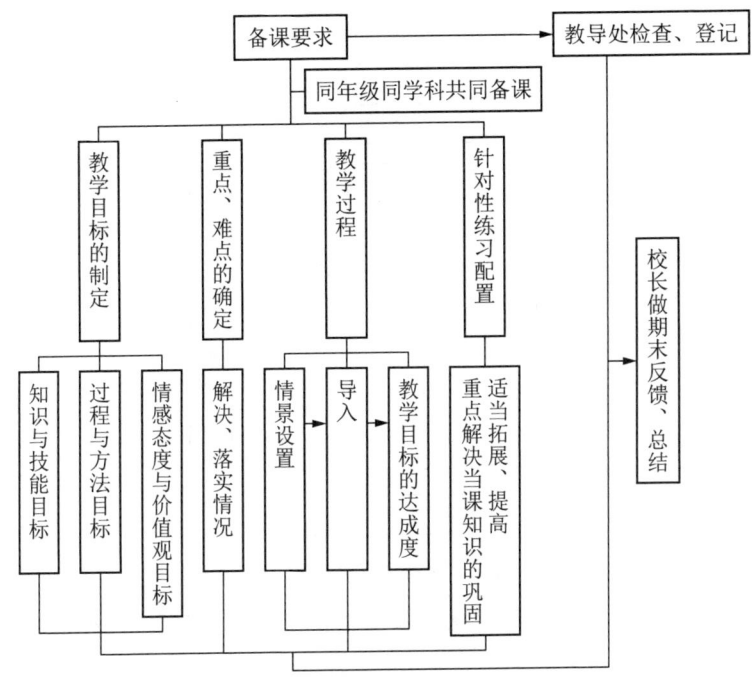

让课堂教学成为展示教师德业兼修的舞台

```
                    ┌──────────┐      ┌────────────────┐
                    │ 备课要求 │─────▶│ 教导处检查、登记 │
                    └────┬─────┘      └────────────────┘
                         │
              ┌──────────▼──────────┐
              │ 同年级同学科共同备课 │
              └──────────┬──────────┘
        ┌────────┬───────┼──────────┬──────────┐
        ▼        ▼       ▼          ▼          │
    教学目标  重点、   教学      针对性         │
    的制定    难点的   过程      练习配置       ▼
              确定                         校长做期末
                                           反馈、总结
```

图1 备课流程图

备注:
(1) 5年以内的新教师须严格按照以上流程图备详案。
(2) 5年以上的教师备课时基本操作流程不变,教学过程可备简案。

——重点、难点的确定。这是"教什么"中的重要部分,要着重针对基础中的重点和重点中的基础来定位,力求做到重点内容人人过关。

——过程中的情景设置。一堂好的课,必须要有好的开始,即要有能吸引学生的情景设置。例:问题驱动式,悬念设置式,身临其境设置式,等等。

——针对性练习配置。我们要求教师共同合作,配置练习,反对用现有的试卷,提倡以小练习的方式,重点巩固当堂知识点,提倡练习的设置体现巩固性、层次性。

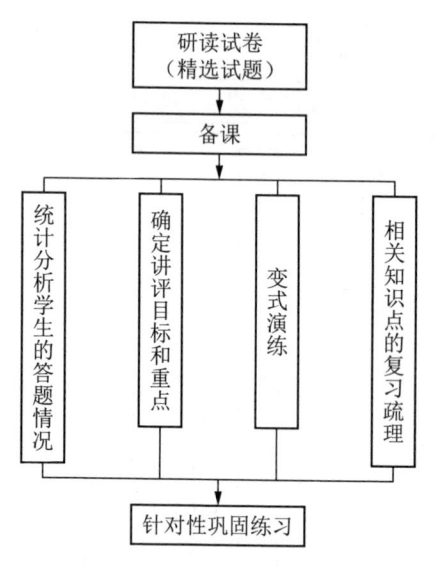

```
                    ┌──────────┐
                    │ 研读试卷  │
                    │(精选试题)│
                    └────┬─────┘
                         │
                    ┌────┴─────┐
                    │   备课   │
                    └────┬─────┘
         ┌───────┬───────┼───────┬────────┐
    ┌────┴──┐┌───┴───┐┌──┴──┐┌───┴────┐
    │统计分析││确定讲 ││变式 ││相关知识│
    │学生的 ││评目标 ││演练 ││点的复习│
    │答题情况││和重点 ││     ││疏理    │
    └───────┘└───────┘└─────┘└────────┘
         └───────┴───────┬───────┴────────┘
                    ┌────┴─────┐
                    │针对性巩固练习│
                    └──────────┘
```

图 2　试卷评讲课流程图

备注：试卷讲评课的教案主要针对的是月考、期中、期终复习阶段、初三总复习阶段试卷的讲评分析。

（2）试卷讲评课流程。

——统计分析学生的答题情况。我们要求凡是学生做的练习，教师在第一时间必须批改，并对学生的作业情况进行统计分析。这是为下节课评讲做充分准备，体现以学定教的教学理念。

——确定讲评的目标和重点。根据学生的作业情况，着重评讲没有巩固到位的知识点。我们反对全部讲，坚持"评重讲难"原则，减轻学生负担。

——变式演练。主要是强化学生的易错点，对于没有巩固的重点部分，当堂课中，通过另一种情境的设置，强化学生对知识点的理解和掌握。

——针对性的巩固练习。在一个阶段内，两天或一周内，对于学生易错点，或理解了但容易混淆及遗忘的知识点，再一次设置练习,进行强化和巩固。

四、研究结果与分析

本子课题的研究所要达到的预期结果是这样的两个方向:一是课堂教学中教师的德业双发展,二是促进我校办学质量的提高。我们认为,研究结果基本上达到了预期的目标。

首先,教师德的提升,促进了备课质量的提高,最终促进了教学质量的提高。自2009年开始,学校从制度层面,从三年规划的层面,确立了规范化、精细化备课以来,教师全身心地投入,研究备课、精心备课已蔚然成风。据2010年12月底统计,2010年,语文组教师备课优秀率达90%,数学组为90.3%,外语组为70%,理化组为100%,小学科为33%。从统计中,我们发现这样一个问题:理化组历来是我校的强势学科,在区内有较高的声誉,历次质管考成绩均名列全区公办第一、第二的位置,这和我校这一团队精细化备课是分不开的。同时,我们还发现,近年来,语文学科、数学学科进步很大,逐渐成为我校的强势学科,特别是语文学科,前三年和外语一样均是非常薄弱的学科,处于全区中下水平,近年来,语文、数学学科异军突起,历次质管考均名列全区公办前五名的位置,巩固了这两门学科的强势地位。同时,近几年质管考,无论哪个年级,均取得了很大的进步。本届八年级在七年级质管考时,总分排名26名,经过一年的努力,名次整整提高了12名,排名第14名。本届七年级,在六年级进校时排名全区第27名,经过一年的努力,名次提高了整整11名,排名第16名。本届九年级,在2010年和2011年1月质管考中,排名公办第3名、第4名,极大地提高了学校的声誉,得到社会的高度评价。

其次,教师德的提升,促进了教师业的发展。我们认为,课堂教学是教师展示德业兼修的舞台,可以展示教师的备课是否充分,目标是否精准,组织的所有教学活动是否有效。对此,我们是从两个层面予以监测与实施。一是从学校层面,我们设置了观测教师德业评价表(见表1)。

表1 教师德业评价表

类别	名称\观测对象	青年教师	学科	英语	所教年级	六、七、八、九	评价结果 A	B	C	D
德	教学设计	根据课标、校情、教情、学情、课程资源、课时设计,设计教学目标、内容、过程和方法								
	教学目标	目标明确、精准、科学、可操作,体现合作性								
	教学内容	正确理解、把握和创造性运用教材,围绕目标,科学开发整合资源								
	作业反馈	针对性的作业实现知识点的巩固,掌握学生作业情况,以学定教,设计下一课的教案								
	同行评教	教学目标的精准度,教学方法适切性,教学效果的达成度								
	学生评教	1.你喜欢这位老师吗？ 2.你认为这课的内容理解和掌握好了吗？ 3.你最喜欢老师讲课的哪个环节？ 4.你对这一课的总体评价								
	教学反思					针对本堂授课情况的不足,下一堂课将如何实施补救				
业	教学过程	设计合理,以学定教,张弛有度,突出重点,解决难点,评价适时恰当,具有启发性与引领激励作用								
	教学方法（策略）	1.根据学科特点、教学内容和学生现状确定的教学方法,方法适切 2.提问清晰有效,讨论有价值 3.所有的教学策略为教学目标服务								

续表

类别	名称	观测对象	青年教师	学科	英语	所教年级	六、七、八、九	评价结果			
								A	B	C	D
业		学生的关注度	学生主动参与,乐于探究,活泼有序,师生交流,生生交流								
		教学氛围	1. 教态亲切,评议准确,学习状态好,倾听认真,答问积极 2. 师生民主平等,生友好合作,气氛活跃 3. 教学活动协调有序,学习环境愉悦								
		教学智慧	熟练掌握课堂、驾驭课堂生成问题,能调控课堂气氛								
		教学效果	知识技能达标,教学效果良好,学生全身心投入,获取发展、成功的乐趣和自信,兴趣增强								
		教学特色	能收到良好的教学效果,逐步形成自己特有的教学风格								
评语						总分					

二是从学生层面上,我们设置了"我的课堂我评价"学生问卷调查表(见表2)。

表2 "我的课堂我评价"六年级学生问卷

课题:＿＿＿＿＿＿＿＿＿＿＿＿＿　　年级:＿六＿

教学环节	教学目标	学生活动	学生的评价与建议	
			A 很好	B 认同,但希望调整
复习数字的读法	复习旧课	学生读数		
面积、人口提问法	复习句型	学生回答		
句型操练	引入新课	根据例句做练习		

续表

教学环节	教学目标	学生活动	学生的评价与建议	
			A 很好	B 认同,但希望调整
听力	听录音填词	听两遍然后校对答案		
阅读	了解、概括内容	看PPT		
阅读	欣赏短片	了解上海变化		
阅读	读文章完成题目	完成后面练习		
阅读	校对练习答案	更正错误题目		
内容拓展	谈对世博会的认识	学生讨论,讲感受及见闻		
作业布置阶段	作文练习	审题,布置作业		

教师的德业兼修是一个长期的系统工程,是学校赖以生存和发展的新的生长点,伴随着新教育发展纲要的实施,我们将再接再厉,聚焦教师德业工程,使学校有一个更美好的发展未来。

研究课堂教学,探求教师的德业双发展

一、背景分析

刘行中学是一所农村偏远地区学校,位于宝安公路和沪太路交界西侧,是宝山区较西部的学校之一,学校教学质量,基本处于宝山区中等左右水平。近年来,学校以"抓质量、谋发展"为宗旨,努力打造顾村教育高地,教学质量有了较大的提升,处于全区同类学校前列。但是在发展的过程中,也面临着许多瓶颈,其中,英语学科的建设是我校面临的比较大的问题。当接到区进修学院要对我校进行"德、业双发展项目的教学实践形态"调研的通知时,我觉得此次调研应该对我校教师,特别是英语学科教师在课堂教学中德业双发展的提升会有极大帮助,便欣然接受了并全身心地投入这项工作中。

二、项目调研的程序

向校长介绍项目操作环节、过程,建议校长全程参与。

随机组织对象随堂观摩。

召开学生座谈会(随机),以喜欢的教学环节和不喜欢的环节为题。

向上课教师反馈并建议教师将已进行过的教案进行梳理,编成问卷对学生进行调查。

以学生为对象,实施问卷调查。

教师对问卷进行分析梳理,做出自己的诠释。

三、调研程序的操作说明

本次调研的是教师"德、业双发展项目的教学实践形态",即教师在教学中的德与业的体现。

1. 安排上课

接到任务以后,我们安排了两位英语教师上课,这两位英语教师是学校负责科研的教师,有一定的研究基础,可以向专家学到更多的知识,便于这一项目的更好开展。此外,我校的英语学科在整个宝山区来说,处于中等以下水平,选择英语教师上课,有利于通过科研做一个更好的诊断,谋求发展的方略。

2. 学生座谈

项目组老师及我校外语学科组老师听了六(2)班与七(2)班的两节课以后,与学号尾号为2、6的学生进行了座谈,第一场六(2)班学生座谈会共10名学生参加,第二场七(2)班共8名学生参加。在这两次座谈会上,提问及发言都非常踊跃。

项目组的主要提问是:

(1) 你认为较好的教学环节是什么?理由是什么?

(2) 你认同教师的这一环节,但希望调整的建议是什么?

(3) 你不认同教师的这一环节,改进的建议是什么?

学生的回答主要是:

(1) 很好的环节是课堂讨论、课堂对话。理由是能更快理解与掌握知识。

(2) 大部分环节都比较认同,建议是时间最好再多一些。

(3) 大部分学生都认同自己的教师,普遍认为教师的上课认真、负责、完美。

3. 项目组成员与上课教师座谈会

(1) 将学生的声音反馈给教师。

(2) 要求教师设计出自己教学过程中的各个环节,再一次听一下学生的反馈。

(3) 根据学生反馈写出自己的调研报告。

4. 设计问卷调查表

通过教师座谈,教师对教学过程进行了重新梳理,列出教学环节的明细清单,制定"我的课堂我评价"的学生调查问卷表(见表1)。

四、调研项目的变型程序

1. 变型的背景

我校这两位英语教师都是有10年左右的教龄,从我长期听课的经验来说,她们的课堂教学是比较老练的,无论是现代教学技术的运用、课堂教学的设计,还是二期课改理念的渗透,都能在每堂课中得以很好的体现,项目组的教师对她们所上的课也给予了较高的评价。但问题是:教师的教为什么往往和学生最终的评价存在着较大的落差?这一情况不仅仅体现在这两位教师的身上,实际上我校的整个外语学科都面临着这样一个问题。我校语文、数学、物理、化学能处在区公办学校前列,这是因为除了这些教师知道"怎么教"之外,还非常清楚"教什么"的问题。这就好比是跑步比赛,如果教师不知道"教什么"的话,你"怎么教"越好,离开目标的距离就越远。因此,我们学校外语学科当务之急是要解决"教什么"的问题。在这样的情况之下,项目组的教师感到:原来的操作流程面临着新的变化,需要作新的调整。

2. 变型程序操作流程

调整后的操作流程共有九个环节,原来是以学生为主体的操作环节,现在是以学生和教师为复合主体的操作环节;原来着重在"怎样教"上,现在不仅涉及"怎样教",还涉及"教什么"上。

第一,向校长介绍项目操作环节的过程,建议校长对六个环节全程参与。

细则:向校长介绍项目的核心理念,介绍操作的环节。

第二,组织对象随堂观课。

表 1 "我的课堂我评价"六年级学生问卷

课题：Geography in English　　　　　　　　　　　　　班级　六(2)

教学环节	教师活动的安排与希望达成的目标	教师设想的学生活动	学生的评价与建议			
			A. 认为很好（写出理由）(%)	B. 认同，但希望调整（列出调整建议）		C. 不认同（改进建议）(%)	D. 老师的设计能理解但课堂上没有感受到(%)
				(%)	建议		
复习数字的读法	复习上一课的内容	让学生读出表格中的数字（举手回答）	39(86.6%)	6(13.4%)	不要太严肃		
复习面积人口的提问法	复习上一课的重点句型	教师提问，学生回答	41(91.1%)	4(0.89%)	学生之间相互提问交流		
面积、人口句型练习	复习并引入本课内容	根据例句做替换练习（让学生利学生先准备对话，再站起来展示）	34(75.6%)	11(24.4%)	让学生自主选择，好朋友进行对话		
听力	听录音，填出所缺成分，对面积、人口的读法进一步认识	听两遍然后对答案	35(77.8%)	10(22.2%)	希望多听一遍，在听清楚的基础上再对答案		
阅读	学习"上海的昨天，今天"，对于上海的昨天有所了解	看PPT上关于上海的过去的内容（教师阅读，学生理解）	42(93.3%)	3(6.7%)	可以再多一些内容，加一点音乐		

续表

教学环节	教师活动的安排与希望达成的目的目标	教师设想的学生活动	学生的评价与建议			
			A. 认为很好（写出理由）（%）	B. 认同，但希望调整（列出调整建议）（%）		C. 不认同（改进建议）（%）	D. 老师的设计能理解但课堂上没有感受到（%）
				（%）	建议		
阅读	通过短片了解上海发生的翻天覆地的变化	欣赏短片了解上海的变化	41(91.1%)	4(0.89%)	让学生自己谈一些感想		
阅读	给学生几分钟阅读文章并完成后面的题目	学生自己读文章，完成后面练习	36(80%)	19(20%)	时间太短教师要帮导个别学生的翻译		
阅读	核对练习答案	让学生回答，并对错误加以改正	45(100%)				
内容拓展阶段	基于学生已经参观过世博会，让学生谈谈对世博的一些认识和感想	让学生相互讨论，并讲出自己的感受及所见所闻	35(77.8%)	10(22.2%)	时间太短，希望老师先给出一些有关世博会的词汇		
作业布置阶段	找出上海的其他变化并写成文	先就题目和学生一起审题，再布置作业	39(86.7%)	16(13.3%)	精选作业，减轻负担		

细则：不提特定要求，随堂观课。

第三，召开学生座谈会，以喜欢的环节和不喜欢的环节为题。

细则：座谈学生随机取样，执教教师回避。

第四，召开观课的教师座谈会，以怎样教和教什么为题。

细则：注意德业与"教什么"和"怎样教"的话题关系。

第五，向上课教师反馈并建议上课教师将已进行过的教案梳理出环节，编制成问卷向学生和教师进行问卷调查。

学生问卷设计细则：问卷的设计要把具体的环节体现出来，不是一般意义上的课堂教学五环节。

教师问卷设计细则：以学生问卷的课堂教学环节为基础，调查教学目标、教学内容合适与否（教什么），以及方法合适与否（怎样教）。

第六，以学生、教师为对象，实施问卷调查。

细则：执教者本人回避，要求被访者书写具体理由。

第七，教师对问卷进行分析梳理，撰写调研报告，做出自己诠释。

第八，调研报告的交流研讨。

第九，再次上课，准备第二轮的开始。

3. 学生的评价分析

（1）从学生问卷调查结果来看，绝大部分的学生对各自的外语学科教师的各个教学环节都选择"较好"，对自己的教师都非常认可。

（2）每个教学环节也都有为数不多的学生提出建议，说明学生也有自己的一些想法。虽然有些想法不太切合实际，但有些想法也是比较好的，我们教师可以采纳。例如学生对于课堂讨论、仿句对话的教学方法，都比较感兴趣。

（3）阅读环节要放慢节奏，尤其是不常见的单词，甚至阅读的文章要仔细地给学生分析清楚，以便于学生更好地理解题意。

由此引发的思考是：对于像我校英语基础比较差的学生，英语教学是否要跟风？是否像东部学校教师那样全英语上课？这个问题必须要引起全体英语教师的深思。我认为：像我校这样的状况尤其应脚踏实地，关键是要讲让学生听得懂的语言，否则的话，必将会出现今天的不懂变成明天的放弃，会制造更多的差生出来。

4. 教师的评议分析

6位听课老师对两位任教老师的评课基本上是选择"认同，但希望调整"这一栏，说明各个环节的设计，有待于更精细化，更多地需要考虑学生学的能力。

对于外语学科，大家普遍认为难教，难在教材散，知识点乱。一堂课下来，教师有点"东抓一把，西抓一把"的感觉，学生更是无所适从。还有低年级的外语，知识点到底要教到什么程度，心中没底。由此引发的思考是：外语到底"教什么"？对外语的每一堂课的教学目标正确定位，这是摆在外语学科教师面前最大的一个问题。

五、项目调研的思考

本次项目调研旨在从教师的随堂课堂教学中，捕捉体现德业双发展的各种元素，并以此逐步推广，最终以点带面，进一步优化教师的德业双发展。通过这次项目调研，我对教学改革有了深层次的思考，尤其是项目组的老师给了我很多有益的启发，我感到我校的师资队伍建设真正的抓手逐渐明朗，突破我校英语学科的瓶颈逐渐清晰。我将继续努力发掘我校的资源，利用宝山区教育的平台，扎扎实实、脚踏实地地把我校教师的"德业双发展"推上一个新的台阶。

让学生在"快乐晨读"中快乐成长

一、问题的引出

我校地处老城区,周边是老旧的居民小区,大量的外来务工人员聚居在此,学校学生中有大量的外来随迁子女。在家长的要求及学生自觉的条件下,初中部大部分学生 6 点 30 分左右就到学校了,天气晴好的时候有些学生甚至 6 点钟就到了学校。

这些早到的学生进入班级之后在干些什么呢?学校组织教师进行了持续一个学期的观察与调查,发现在 7 点 30 分早自修之前,有的学生在教室里进进出出、跑来跑去,有的学生在打扫卫生,有的学生在下棋,有的学生在补写作业甚至在抄袭作业,有的学生聚在一起大声说笑。总之,整个教室一片"繁忙"景象,却丝毫没有一点学习氛围。这不仅是对早晨宝贵时间的浪费,更不利于良好学风的形成,甚至在一定程度上助长了"歪风"。

为改变我校学生早到学校与早自修之前这段时间的"无政府"状态,培养学生珍惜时间、热爱学习的良好风气,学校决定开展晨读活动。

二、晨读的初实践

俗话说:"一年之计在于春,一天之计在于晨。"清晨空气清新,思维活跃,正是朗读背诵的好时光。日本"早晨读书"活动始于 1988 年,尽管刚开始比较困难,但没过多久,奇迹出现了,没有阅读习惯的学生们开始脱胎换骨。同学们不但自觉遵守纪律,兴致勃勃回到教室专心看书,学习成绩普遍提高,师生之间、同学之间的关系也变得谦让、和谐。可见,抓好学生的晨读,让学生在认认真真、快快乐乐的晨读中开始新的一天的学习,不仅可以提高学生的学习效益,更能够达到培养学生珍惜时间、养成良好学习习惯、提高学生良好的学习能力和塑造学生高尚的品格与修养的特殊效果。

针对我校早上教室混乱的实际情况,我们尝试通过晨读活动达到三方面的目的:一是培养学生珍惜时间的好品质,二是加强学生自主管理的意识和能力,三是营造喜爱读书的校园氛围,打造优良的学风校风。

晨读的时间为每周一至周五早上 7 点 15 分至 7 点 30 分。"书读百遍,其义自见。""熟读唐诗三百首,不会作诗也会吟。"《语文课程标准》也强调:"语文教学要重视朗读,要让学生充分地读,在读中整体感知,在读中培养语感,在读中受到情感的熏陶。"为提高晨读的实际效果,班主任老师或任课老师进入教室,主持朗读课文,或组织学生背诵英语单词,管理、指导学生学习或读书活动,让学生在有序的氛围中学会管理自己。

同时,学校也建立了与晨读相配套的具体保障措施:第一,加强巡视,每天安排一名行政值班人员巡视各班级晨读情况;第二,加强考核,每天由巡视人员根据巡视的情况对各班级进行量化评价;第三,加强汇总,每周进行一次汇总;第四,每学期进行一次全校性的总结表彰。

在各方面的共同努力下,通过一年多的实践,学校晨读广泛开展。学校在此基础上进行了反思:晨读还存在着哪些问题呢?如何进一步搞好晨读?在汇集学校行政人员、班主任、相关教师的意见后,我们发现看似"繁荣"的晨读背后也存在诸多问题。其中,具有普遍性的问题是,在全班的大声朗读中,有些学生容易"跟着感觉走",注意力不集中,有口无心,更有些学生怀着"滥竽充数"的心理状态。这说明,部分学生对晨读还存在不认同的心理。为证实这一看法,我们开展了学生问卷调查。在 176 份有效问卷中,有 100 人是赞成晨读的,占问卷调查人数的 56.81%;有 31 人对晨读持无所谓的态度,占问卷调查人数的 17.61%;有 45 人对晨读持反对的态度,占问卷调查人数的 25.57%。这也验证了我们的推断,确实有部分学生不够重视晨读。

三、晨读的再认识

部分学生对晨读的不够重视,我们认为,既有学生方面的原因,也有我们自身的不足。

从我们自身的角度看,我们对晨读的认识最初是存在一定的误区的。我们起初认为,晨读,重在读,以朗读为主,要求全校学生书声琅琅。但问卷调查显示,有的学生觉得课文反复读没意思,有的学生不喜欢齐声的朗读方式,喜欢一个人自己默读,等等。此外,晨读时学生的学习方式以读为主,没有让听、说、写等方式有效参与其中。当然,更主要的问题是,大声、持续 15 分钟的朗读,会让学生产生疲劳。前 10 分钟,学生读得很认真,10 分钟之后就会出现敷衍、随便读读的情况,15 分钟以后,大部分学生会出现不想读的心态。因此,让学生坚持大声读、持续读,会让学生产生身体疲劳和审美疲劳,不利于晨读活动的开展。

从学生的角度看,学生并没有完全理解晨读的重要性,只是把晨读当成一个简单的读书任务。读现代文,学生没有意识到读书要读准字音、读准句读、停顿、读出感情,通过读书了解句子的深刻含义,掌握文章的脉络,体会文章的中心思想;读古诗,学生没有意识到要注意古诗的押韵、节奏,读出古诗的音乐美,读出古诗的感情,更谈不上体会诗人用词用字的匠心了;读英语,由于存在语言的差异,且教材内容与学生生活存在距离,趣味性不足,学生学习的内驱力不强。

为解决部分学生不重视晨读的问题,学校进行专题研讨,重点分析了预备班至初三各年级学生的心理特点,并分别确定了晨读的不同功能,以满足不同年级、不同学生的个性需要。

预备年级的学生,年龄在10—11岁,属于教育心理学上所说的童年后期到少年期的初级阶段,首先,他们普遍带有浓厚的小学生的心理特点,对教师有较强的依赖,愿意听从老师的教导,兴趣广泛,充满幻想。其次,他们自制力较弱,易受外界的影响,还好玩好动,上课注意力不容易集中,容易违反课堂纪律,特别是老师不在场时。因为预备年级学生刚刚跨进中学大门,对一切都有新鲜感,但对新环境、新集体还不适应,对新教材、新教法也不适应,激动、兴奋与害怕、担心交织在一起,形成预备年级学生的光荣感(不是小学生啦)与不适应新的学习与生活环境之间的矛盾。

针对预备年级学生的心理特点及预备年级的教学要求,我们力图通过晨读帮助他们更好地适应初中生活。

第一,帮助预备年级的学生适应环境的变化。小学期间,学生的学习内容是比较简单的,初中与小学相比,学习的课程门类逐渐增加,内容也逐步加深,教师的教学方式也会发生相应的变化。通过晨读,班主任老师要加强对他们的常规纪律教育,让学生明确小学与初中的差异性,并尽快消除环境变化而引起的心理紧张。

第二,帮助预备年级学生养成正确的学习方法。进入初中以后,学生学习的独立性逐步增强,自学能力的强弱对学习成绩的影响也明显增强。这是小学教育与中学教育一个显著的特点。晨读中教师的指导要侧重于学习方法和学习意志品质的培养,培养学生自学能力,促使他们更快地适应初中学习的要求。

第三,强化班级管理和班级集体意识培养。与小学相比,初中生活的集体性更强,通过晨读可以强化他们有序的集体生活感,使他们逐步树立班级的集体观念。

初一年级的学生经过一年的预备年级学习之后,他们已基本适应初中阶段的学习生活,努力学习的心理相对成熟一些。他们逐步摆脱预备年级时自由散漫的特点,自制力和自我约束力有所增强,要求学习更多的知识。根据初一学生的特点,我们对他们的相应对策是:

第一,依据初一学生想学更多知识的心理,有针对性地加强薄弱学科的学习,如语文和英语可以在晨读活动中起着课外学习的补充作用。

第二,根据初一学生自制力和自我约束力逐步增强但还会反复的特点,继续加强晨读巩固课堂纪律方面的作用。

第三,进一步强化班级管理,培养集体观念。

初二学生对晨读已习以为常了,因此晨读的重点在于强化持续性和有效性。初二是整个中学时期的关键阶段,是学生从少年时期向青年期发展的过渡时期,也是学习开始分化时期。他们身体发育处于高峰期,思维发展产生质变,学习成绩出现分化,独立性发展、自我表现能力有所提高,因此,对初二学生而言,我们对他们的相应对策是:

第一,进一步规范或养成他们良好的学习习惯,提高学习效率。

第二,强化和复习或预习学科知识,增强文科学习的语感,从朗读中提升语感能力。

第三,进一步锻炼班干部的工作能力,培养他们的组织协调能力。

初三学生从少年期进入青年期初步成熟阶段,心理趋于定型,独立性有较大的发展,自尊心增强,他们面临着毕业和升学考试阶段的压力。基于这些因素,他们开始关心自己的前途,关心社会,也经常开始思考社会和人生的一些问题,有一定的生活理想和工

作目标。他们的理想多以某种职业为具体化,对晨读不那么重视。针对这种情况,我们对他们的相应对策是:

第一,进一步强化基础学科知识的巩固。

第二,进一步锻炼学生的自学、自控能力。

第三,进一步形成良好的班级学习氛围。

四、晨读的再实践

在对我校第一阶段晨读实践的反思后,我们提出"快乐晨读"的口号——"我晨读,我快乐;我自主,我发展!"让学生以轻松的心态进行晨读,并从以下方面进行改进:

第一,进一步丰富晨读的形式。古人读书,讲求"三到",即眼到、口到和心到。大学问家胡适也认为,读书只有"三到"是不够的,应有"四到",还应包括"手到"。而第一阶段我们开展的晨读,主要以学生的大声朗读为主要形式。经过调研,我们了解到学生并不喜欢,它不仅形式单一,而且连续15分钟的大声朗读会产生疲劳感。这种形式只注重学生的"口到",甚至有时候连"口到"都无法实现。

读书的效果取决于读书者用心的程度和读书的方法等多方面因素,并不是和读书的声音高低成正比的。有的书需要大声朗读,有的书需要默读,还有的书也许只需要浏览。因此,我们开展多种形式的晨读。教师根据晨读内容的特点开展多形式的朗读,让晨读成为学生展示自我的平台,激发学生的兴趣。如学生可以进行齐读,齐读能增强朗读水平较差的学生读书的自信心,也能营造学生全员参与的学习氛围。学生也可以进行分角色读。分角色朗读,可以让学生更好地走进课文中人物的内心,更好地理解课文。教师还可以组织学生展示读、竞赛读等,这既可以增强读书者的自豪感,又能调动全班学生奋勇争先的朗读热情,提高晨读的有效性。

第二,进一步丰富晨读的内容。在我们的初期实践中,晨读注重的是读课文,这同样容易让学生产生厌倦感。为此,我们在晨读的内容上也进行了改革,让晨读更加贴近学生的实际需要。如晨读读名著片段,扩大学生的知识见闻。读精彩句段,让学生在欣赏美句的同时,加强言语积累,这对提高学生的写作水平大有裨益。晨读读新闻,让学生在晨读中了解时事政治和名人事迹,不仅可以拓展学生的视野,增强学生的见闻,也能强化学生关心社会的意识。在晨读"早间新闻"的活动中,我们还让学生做播报员,给同学播报搜集到的国内主要新闻和本地新闻,甚至学校、班级新闻以及天气预报,以锻炼学生的口语交际能力及搜集处理信息的能力。

第三,进一步加强晨读的指导。在丰富晨读的形式与内容的同时,我们也进一步加强了对学生晨读的指导,避免散漫式、放羊式晨读的出现,让学生真正掌握朗读的技巧,养成"眼先到、脑思考、口读好"的好习惯,提升学生自主学习的能力。

第四,进一步加强晨读的反馈。根据晨读的内容与目的,教师在学生读后加强检查验收,就晨读的质量向学生进行反馈,这是晨读的重要一环。这一环节,可以营造适当的压力,创造竞争向上的氛围,及时查漏补缺,提升晨读的效果。这一环节既可以由教师主导,也可以由学生主导。在晨读快结束的时候,教师抽取部分学生进行反馈,抽取的学生要有代表性,能够代表全班各层次的学生。反馈的任务也要体现层次性,如学困生重点反馈英语单词、语文课文重点段落的掌握情况,中等生重点反馈是否能够背诵或复述课文,优秀学生重点反馈对课文的整体理解。晨读的反馈可以利用合作学习的方式,让学生进行互测,互相提问背诵,对不熟的地方再次强化记忆。

学校层面也可以进行反馈,学校层面的反馈不仅能够增强晨读的实效,还可以增强各班级的集体意识与荣誉感、归属感。具体操作如下:学校行政值班人员于 7 点 15 分开始,巡视各班晨读的情况,督促学生进行晨读的活动;由值班人员根据巡视获得的情况,用好的、较好、一般、差的四个等级对各班级晨读进行及时的量化评价,并做好记录,作为班级优秀考评的依据。每周进行一次汇总,每月对各班情况进行公布,政教处负责汇总公布,颁发流动红旗。每学期期末,对好的班级进行表彰。

五、效果与反思

经过几年的探索、实践、再探索、再实践的艰苦努力,我校晨读效果初步显现,并受到师生们的普遍欢迎。如今,学校的晨读已蔚然成风,早上 7 点 15 分过后,整个校园书声琅琅,晨读已经成为学校一道靓丽的风景线,让人赏心悦目。

一分耕耘,一分收获。晨读促进了学校教学质量的提高,近两年来学校的薄弱学科语文、数学、英语总体的成绩都有显著提高,引起了周边学校的关注。

当然,我校的晨读活动仍需不断改进提高,比如晨读的具体内容如何科学化、精致化?如何来提高晨读的质量问题?如何来增强晨读的考核机制?如何对晨读的效果进行更好的检验?这些问题还值得我们进一步的探索与研究。

论教师的幸福

去年的教师问卷调查,曾有过一个题目:当你重新选择职业时,你会选择做教师吗?绝大部分的老师都选择"否",其中的原因非常复杂,但主要的原因是来自教师个人的心境以及对教师这一职业的理解。

记得曾在某杂志上看到一则寓言:驴子不满意人说它愚蠢,所以它发誓,一定找到世界是最美好的东西,以此来证明自己的聪明。有一天,它终于找到了一片郁郁葱葱的青草地,兴奋地说:"我找到了世上最美好的东西。"然后,心满意足幸福地吃了起来。我们人类换位思考一下,对于驴子来说,青草地不就是最美好的东西嘛!愚蠢与否是人类给它的判定,而在驴子的感觉世界中,找到青草地就是最大的幸福。

幸福其实很简单,幸福只是一种心境,所以幸福与否,全在于自己,全在于心,只要你想幸福,你就会幸福。幸福就是一种感觉,敞开心灵去感受,幸福无处不在;幸福就是一种充实、闲适,没有空虚感、匮乏感、无聊感,没有内在的紧张、焦虑;幸福就是一种独特的内心感受,是任何人都无法替代的一种体悟,只要我们拥有纯洁的心灵、安定的心境、开朗的心情、悠闲的良心,就可以在自己的内心里感知到幸福。

陶行知先生曾说过:"教师的成功是创造出值得自己崇拜的人。先生之最大的快乐,是创造出值得崇拜的学生。"

教师的幸福人生需要我们用幸福的汗水甚至是泪水来滋润。

身影疲惫,额头苍老,当一切成为往事的时候,倘若我们能够坦然地迎接自己教育过的每一位学生的笑脸,那才是教师幸福的最高境界!

幸福的教师,一定是一个胸怀理想的人。我们需要用理想感召学生,让学生即使离开我们的视线,也能乘着理想的翅膀飞翔;我们需要用理想温暖自己,在为理想的拼搏中收获生命的充实和幸福。幸福的教师,一定是一个能经得住金钱诱惑的人。我们应该明白,工作需要挣钱,但决不是为了钱而工作,如果我们念想的只是钱,那么我们将失去生活完整的意义。幸福的教师,一定是个性鲜明的人,当一个教师在他所从事的领域里展现自己独特的个性时,他就能获得许多意想之外的幸福和快乐。

教师的幸福来自教育教学的工作。教育是教师的生命,课堂教学是教师基本的生活方式,是教师生命价值的体现。把学生从"生物人"提升为"社会人"、从较低的水平提升到较高的水平,这是社会赋予教师的责任和使命,教师的幸福也正体现在对这种社会责任和历史使命的肩负上。教育教学过程是师生思想碰撞、心灵交流的过程,在共识、共鸣、共志的教育过程中,教师宣讲自己的信念,表白自己的真情实感;学生袒露心灵,诉说自己的体会。此时,教师成了学生的需要、向往;而学生的学,则成了教师的期待。

教师的幸福来自学生的成长与发展。教育的事业是一种基于生命、为了生命、促进生命成长的事业,职业的特殊就在于它天天要跟成长中的人进行富有教育价值的交往与对话,它见证着、影响着、推动着人的生命成长。而作为教育承担者的教师是情感的培育师,是精神的守护神,是意志的砥砺,是人格的构造者。

教师,守望的是讲台,放飞的是希望,播种的是知识,收获的是未来。教师最大的幸福,就是看到学生的成长,在学生的进步与对社会的贡献中体会到一种他人无法达至的快乐。教师从自己的独特的工作对象——学生身上看到自己的劳动成果,进而体验到精神上的无限幸福。

教师的幸福来自教师专业成长。陶行知说:"我们做教师的人,必须天天学习,天天进行再教育,才能有教学之乐而无教学之苦。"教师对学生实施教育的过程也就是教师专业不断成长的过程。教师的专业成长即教师的专业发展,是指教师在整个职业生涯中,通过专业训练,获得教育理论知识和专业技能,能够专业自主,逐步提高自身的职业道德和执教素质,成为一个专业教育工作者的发展过程。教师应该在自己的专业发展过程中积极创造幸福和享受幸福。这种发展不仅意味着教师教育能力的增强,还是教师个人整体素质的发展,而发展本身就能带给人幸福感。

依法治校与和谐发展

2006年学期结束前,两位休完产假的年轻女教师,气冲冲地走进校长室,略带质问的口气对我说,为什么要扣除她们在生孩子期间的4个半月的奖金及课时奖。她们还拿出从网上查找到的有关法律依据——《女职工劳动保护规定》中关于女职工生育待遇的条款给我看。我一时无言,但对她们说,我会尽快给她们一个满意的答复。

负责此事的是学校人事干部,我从他那儿了解到:产妇在生产期间,社保中心已给予他们4个半月的工资及其补贴,她们4个半月没有到校上班,理应扣除奖金和课时奖,再说这也是借鉴周边学校类似的处理方法。

我从那两位女教师处了解到,她们休完产假到校后,曾咨询过有关人员,并拿出有关规定,却得不到任何说法,只说别的学校都是这么处理的,所以才找到我要讨一个说法。

我校是一所地处偏僻的农村学校,最近几年,引进了10多位年轻教师,都是女教师,面临着生育高峰,2006年有5位女教师先后怀孕。

在1988年9月颁布实施《女职工劳动保护规定》之前,对于生产期间的女教师,单位给予一定的工资保障,但自社保中心给予工资及补贴后,学校除不再发工资外,也扣除其生产期间的奖金,因以前奖金少,也没引起什么矛盾。

如今矛盾已放在我面前了,如果处理不好就会使学校产生一些不和谐的因素。

我认为,产生这个问题学校是有责任的,学校与社保中心之间缺乏沟通,如果学校能主动与社保中心联系,让社保中心为每一位产妇的单位发个文(这对社保中心来说是举手之劳),并附上说明发放金额及项目,则可以避免类似问题的发生。所以学校领导还需要进一步加强学习,学习有关的法律法规,增强法律意识、服务意识,健全各项制度,依法治校,促进学校和谐发展。

通过这件事,学校采取了如下措施:

一是发扬民主参政议政,健全各项管理制度。学校是由教师和学生组成的。学校领导是学校工作的管理者和组织者,学校各项制度的建立要紧紧围绕学校工作的正常开展,要有利于促进学校教学质量的提高和学校的和谐发展,因此,在修订学校管理制度时要尽可能地征集和倾听教职工的意见,敞开言路,鼓励教职工为学校制度的建立献计献策。对于特殊的情况保持与教师沟通,以增加教师对制度的认可度。制度的制定一要把握大方向,二要全面细致。

二是学校领导要加强学习,提升自身的法律意识。学校领导不可能是全人,不可能对所有的法律知识都清楚,但对于涉及学校的有关法律知识要有所了解,这就要求学校领导有法律的意识,在心中有爱的基础上,以法律法规为依据,依法办校。

三是进一步发挥学校教代会工会的作用,提高办学水平。学校教代会和工会是教师的喉舌,代表全体学校教职工,教代会和工会要及时反映教职工的心声,积极参与学校的各项管理,学校各项制度的建立教代会必须讨论通过。在学校管理中,教代会的作用要进一步发挥,真正体现民主氛围,有利于和谐校园建设。

四是学校领导应不断提升自身素质,增强服务意识。学校领导作为学校的管理者,要树立权为民所用,利为民所谋的工作作风,以及谦虚大度、礼貌待人、平等待人、严于律己的人格魅力,这样学校的各项工作才能和谐发展。

学校管理中的依法治校与学校的和谐发展是相互统一的,它们之间并不是矛盾的对立面,只有学校依法治校,而不是按人之常情、以往惯例来办,才能促进学校的和谐发展,真正体现公平、公正、公开。

真心理解学生的情感

深冬的季节,白天的时间总是那么短,时钟才敲了七下,外面已经是一片漆黑了,只有几盏路灯在为晚归的人指引着回家的路。

"叮咚、叮咚",一阵急促的门铃声打断了我们的思绪。"是谁呀?"我连忙去开门。"是陈老师家吗?我是小菁的爸爸。""噢,请进。"这么晚了,一定发生了什么事,否则家长不可能找上门来,我脑子里快速地反应。"陈老师,孩子今天下午出去到现在还没有回来,一个女孩子这可怎么办,我们急得没办法,也不知道往哪儿找,想到您了。"家长急得眼泪都快掉下来了。

我的心一下子被吊了起来,小菁是我班的宣传委员,在学校里一直是个懂事、学习认真、工作负责的好学生啊。"先不要急,最近家里有什么事发生吗?""没有呀,孩子在家一直很乖。""会不会在同学家玩,回家晚了?"我连忙拿出学生手册和班上的女同学联系,可是今天下午,谁也没有和她联系过。问一问男同学,也许他们知道,得到的回音还是不知道。就在大家快失去信心时,突然家里的电话铃响了,我连忙拿起电话,多么希望听到的是她回家的消息。"喂,是陈老师家吗?我是小彬家长,小彬到现在还没有回来,今天下午你们班级有什么事吗?"我一听愣在了那儿,一个没找到,怎么又来一个找孩子的,而且小彬也是我非常喜欢的一个男生,他是班级纪律委员,工作踏实肯干,学习成绩优秀,在班级中也有威信。

时针已经指在了八点。我心里很乱,所有同学家的电话都打过了,大家都不知道。天已经这么晚了,他们到底到哪儿去了?突然我脑中闪过了一个奇怪的念头:会不会两个同学在一起,今天他们是约好了出去的。我连忙问两个家长孩子出去的时间,结果证实了我的判断,两个学生都是下午一点左右出去的。我的心稍微放了一点下来。我对双方家长说了我的想法。现在我们只能在家里等待,如果有消息大家及时用电话通知。

时间一分一秒地过去,不知为什么,今晚的时间好像过得特别慢。已经九点半了,突然电话铃响了起来,我的心一下子被悬了起来,心里希望是好消息。对方是小菁的母亲。"陈老师家吗,我家小菁回来了。""好,好。"我悬起来的心一下子放下了一半。"请你让小菁听电话好吗?"我现在更迫切想知道还有一个孩子的下落。"喂",电话里没有响声。"我是陈老师,回来了就好,小彬刚才和你在一起吗?"我耐心地又重复了一遍。"在,我们刚分开。"电话里传来细细的声音。我的心一下子落了下来。孩子的爸爸从我的通话中已经得知了结果,又高兴又气恼地握起我的手说:"谢谢你了,老师,这么晚了给你添麻烦了,回家看我不好好教训她一顿。"我连忙劝道:"不行,你回家一定不能发火,更不能打孩子,可以找孩子好好谈一谈,如果你觉得难处理,让我来做孩子的思想工作。""好,那太谢谢了!"家长冒着深夜的寒气赶回去了。

我连忙拿起电话和小彬家联系,孩子的家长一直等在电话机旁,孩子还没有到,但我知道他一定已经在回来的路上。我把知道的情况和家长讲了,同时也关照了家长,孩子回来后态度一定不能过火,免得让孩子思想上产生负担,并嘱咐家长等孩子回来后务必通知我。十点钟左右我等待的铃声终于响了,孩子平安到家了,我终于可以躺在床上休息了。可是我怎么也睡不着,反复地思考着这件事情。

第二天我没有直接找他们训话,也没有在班级中点名批评,像往常一样地上课,直到下午放学了,我还是不去找他们。第二天也是这样过去了,两个学生碰到我,总是用歉意的眼神匆匆一瞥,然后,垂下头欲言又止地匆匆走开。我知道火候差不多了,第三天下午因学校提前放学,我就分别找他们谈话,了解具体情况。谈话的时间不长,我没有发火,也没有当面指责他们,他们反而觉得不好意思,一直低着头。谈话结束时我主动邀请他们挑个时间到老师家来坐坐,我们三人一起聊聊。他们高兴地答应了。

  过了一天,下午放了学他们来到我家,我热情地招待了他们,和他们聊起班级的情况,聊起了我的学生时代。也许是谈话拉近了我们之间的距离,也许是平等亲切的态度使他们有所感动,也许确实需要一个朋友式的老师来倾听他们的心声,他们打开了心扉。他们说出了很多的心里话:"老师,我们知道爸爸妈妈,还有你们都是爱我们的,关心我们的,可是你们其实并不了解我们……"我认真地倾听着他们的心声,理解他们的感受。我也谈了自己对这种朦胧感情的看法:人生避免不了爱情,爱情是人之常情,这世界上不可能没有爱情,从某种意义上讲是男女之间的这种纯真的爱慕之情创造了我们这个丰富多彩的世界。作为一名中学生,随着身心的发展、成熟,渐渐对异性同学产生好感是属于正常的心理表现,但学生应该学会从人生的长远利益,理智思考这一问题,在学习期间发生这种情况是不合适的,因为你们还不具备达到这种知识水平、社会经验和认识能力,加上年龄小,情感相对脆弱,自控能力相对差,经常会影响自己的学业,可能带来很多负面影响……

  看得出他们听得很专注,有时还相对笑笑。谈话一直在愉快、信任的气氛中进行。最后对他们这么晚回家让家长担心着急,我还是批评了一句:"不应该。"谈话很成功,我相信他们一定能理解老师的意思。

  为了巩固这次谈话的效果,同时也为了防止班级中类似的情况出现,我又利用班会课召开了"迈好青春第一步,播下理想的种子"主题班会,并让他们俩担任了主持,收到了很好的效果。同时我对两个家庭做了家访,争取到了家长的积极配合。

如何正确对待与处理学生的早恋问题,成为我们亟须思考的一个问题。

它首先需要我们教师对这一问题有个较新的观念,不应该把男女同学之间产生的一般爱慕之情和"思想意识有问题"等同起来,视为洪水猛兽。青少年随着身心的发育成长,男女之间产生爱慕之情是属于正常的心理现象,是合乎客观规律的。就我们接触到的事例而言,男女学生之间所产生的爱慕之情,基本上是比较纯洁的,特别是在初中男女同学之间产生的某种朦胧,更是如此。

我们在处理上必须充分尊重学生的人格和感情,特别要分析学生的个体和性格特征,然后因人而异地进行教育,晓之以理,动之以情,绝不能千篇一律,采取简单粗暴的手段加以压制,青少年学生的"早恋"一旦出现,往往都十分专注。教师和家长的干涉往往会激起他们强烈的反抗情绪,这时他们会这样认为:家长和老师都在和他们作对,他们就会修筑更为坚固的防线来对付你。这样情绪越压越烈,最终可能会导致不可想象的后果。对于早恋现象,宜疏不宜堵,人的情绪在这时就像洪水泛滥,堵的结果只能是决堤。尤其要注意的是,我们在"冻结"学生的爱情时,不要把学生的友情也给伤害了,我们要保护好学生之间的正常友谊,包括异性同学之间的健康交往。

我们做学生的思想工作,也不能仅仅以解决学生现阶段思想上所暴露出来的问题为满足,我们在对待中学生早恋这一问题上也要瞩目未来,让学生感觉到做教师的对他们一生都怀有责任感。

在思想政治课中开展课堂讨论的探索

政治课之所以难上，难就难在如何通过灵活的教学手段来提高和调动学生的学习积极性。以往政治课的教学，一般仅着重书本知识的讲解，把知识讲清、讲透即可，这样就显得比较枯燥、乏味。如何在政治课中提高学生的学习兴趣，是我们每一个政治老师不可回避的现实问题，为此，我在思想政治课中采用了课堂讨论的方式，旨在提高学生学习兴趣，达到知、情、行的统一。

课堂讨论的教学方法，是指教师组织和指导学生，围绕某一理论问题或实际问题各抒己见，展开讨论，以求得正确的认识。

教学实践证明，一个人的学习愿望、学习积极性的产生，不完全来自教师的督促和激励，同学之间的相互影响所起的作用也是很大的。课堂讨论方法正是利用了这种作用来调动学生积极思维的。在讨论过程中，学生与学生之间、学生与教师之间，信息多向传递，反馈迅速，能够激起参与者的热情和努力，达到集思广益。因此，课堂讨论法的运用有利于促进师生互动、生生互动。基于这一原因，在思想政治课中尝试开展讨论的教学方法，可达到良好的教育教学效果。

"未成年人的家庭保护"是初二思想政治课中的一个重要章节，它最贴近与学生的家庭生活，但又因为涉及家庭隐私，从而成为我们平时上课中的一个比较薄弱的环节。

依据"二期课改"理念，体现"以学生发展为本"的思想，旨在培养学生主人翁的参与意识,为学生提供探索、展现的舞台,我在教学设计中突出以下特点:(1)设计提问,运用事例贴近学生实际生活。(2)课堂气氛的民主和活跃。(3)师生关系和谐。(4)学生能力的培养。(5)现代教学手段和课堂教学内容的融洽。

我的具体教学流程如下:

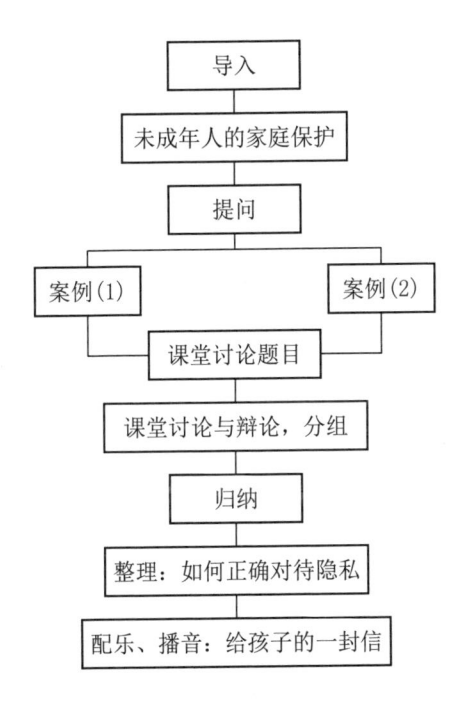

```
导入
  ↓
未成年人的家庭保护
  ↓
提问
  ↓
案例(1)   案例(2)
  ↓
课堂讨论题目
  ↓
课堂讨论与辩论,分组
  ↓
归纳
  ↓
整理:如何正确对待隐私
  ↓
配乐、播音:给孩子的一封信
```

在课堂上,老师进行正确引导,帮助学生树立正确的隐私观,学生通过讨论,加深理解了自己的权益。从整堂课看,达到了既定的教学目标,但是还留有几点遗憾:

1. 对于隐私还不能进行切实的定位,虽然查阅了许多相关资料,但应用到教学上,还有一种把握不准的感觉。

2. 本课作为"未成年人的家庭保护"这一块知识的延伸,在隐私这一点上,拓展得不够有深度,应从隐私的层次性角度加以进一步分析,让学生通过学习,进一步了解不同层次的隐私和自己健康成长的关系。

3. 学生的讨论虽然气氛热烈,但还有一部分同学未能参与其中,这也是以后要注意的问题。

博采华初之优秀，扬我刘行之品质

——刘行新华实验学校与新华初级中学教育合作周年记

一、绪言

2010年暑假，对刘行中学来说是一个具有深远意义的特殊假期。因为学校要在一个半月的假期里，在不带走任何东西的前提下，搬迁至一无所有的"新"校舍。当时，我们班子成员思想上有许多顾虑：

一是"新"学校室内空空如也，室外建筑垃圾堆积如山，杂草丛生，一个半月搬进去，教学设备的配置如何跟得上？最关键的是：食堂能否正常运转？一整套的厨房设备及煤气开通等都是非常复杂的事。

二是教师、学生以及学生家长能否接受？毕竟比原来的学校远了1.5公里，交通又不便，正值世博安保期间，社会稳定高于一切。万一有哪一方不接受，都会造成很大的影响。

三是刘行中学作为一所镇管初级中学，教学质量近几年呈上升趋势，一直位居区公办学校前列，搬入新学校以后，是否会因为学校的扩容、四周小区的孩子纷纷进入而影响学校的教育质量？

带着这些顾虑，我们行政班子成员统一了思想、统一了认识。大家认识到，班子全体成员务必要尽自己最大的努力，分工负责，统筹安排，解决各方人员思想顾虑，做好思想工作。在暑假中，我们分别召开了党员会议、教师会议、学生会议、家长会议，并通过媒体广为宣传。

最后,为进一步提升新学校的办学质量、办学层次,吸引优质资源,高起点、高质量地办好学校,区教育局领导深谋远虑,与虹口区教育局联系,建立了我校与新华初级中学的教育合作关系。

从此,两校的教育合作拉开了帷幕,我校走上了一条开拓奋进之路。

二、合作回眸

9月20日,在刘行新华实验学校的会议室里,学校行政领导与虹口新华初级中学的领导班子汇聚一堂,开展了自两校建立合作关系以来的第一次研讨活动,与会的还有镇教委领导。会议就两校的情况、班子队伍、办学理念及办学思想分别作了介绍。我本着求实的精神,针对学校目前存在的问题,提出了与华初合作的意向。之后双方就合作计划进行了热烈的讨论,初步确定了2010年教育合作的计划。

在这次研讨会上,我提出了我校目前存在的但又亟须解决的四个问题。

第一,外语学科在教学目标、教学方向上缺少精准的定位,成为制约学科发展的瓶颈。

第二,我校地处农村偏远地区,教师的教学理念、教学思想相对落后。

第三,教研组建设较薄弱,没有形成机制,没有成为教师的自觉需求。

第四,薄弱学科缺少资料沉淀,没有校本化的东西,亟待提高。

根据我校的四个问题,合作计划的制订主要集中在这四个方面,这为两校今后的教育合作定好了方向和基调。

自和新华初级中学建立起教育合作以来,我们对新华初级中学一直心怀敬慕,羡慕该校优质的生源,敬慕该校每年中考40％以上的市重点高中升学率。当得知我们终于有机会走进新华初级中学,感受新华初级中学的课堂,我们的老师们很兴奋。2010年10月11日、12日连续两天,我校近二十名教师在陈龙校长亲自带队下,前往新华初级中学听课,进入教研组和老师们交流,短短两天,感慨很多:新华校园,温馨整洁;新华学生,文明礼貌;新华教师,敬业朴实。

这次学校共安排四位语文老师、五位英语老师、一位数学老师及五位音体美劳老师、三位理化老师,由陈龙校长领队听课76节,各学科老师首先选择本学科听课,又根据需要和兴趣听了研究课、心理辅导课,回到学校后,各位老师就此次听课每人都写出了一份听课随想,谈了许多听课感受。其中好多位老师谈道:新华初级中学的老师教学基本功扎实,学生学习技能训练抓得好,对不同层次的学生注意不同要求。语文课教师对文本的挖掘、对文本的解读到位,能激发学生叙述的兴趣;英语课教师生动的预热和丰富多彩的各种教学活动,使学生真正享受到学习的过程。

2010年11月25日,新华初级中学陈校长亲自带队,由虹口区英语学科带头人、区级、校级英语骨干教师等组成的精兵强将来我刘行新华实验学校指导。我校的六年级英语老师须春英,七年级英语老师刘雅芬,九年级英语老师陈桂英、陈妍蔚参加了本次的教学研讨会。课后,听课老师与上课老师恳切地交换了意见,对英语教学中共同关心的问题进行了研讨和探究,还针对各年级的学生特点提出了许多建设性的建议。最后,刘行新华实验学校与虹口区新华初级中学两校校长决定:双方下阶段努力的方向是提高英语常态课的教学质量。

2011年1月7日,刘行新华实验学校领导班子来到了新华初级中学,这是本学期自两校建立教育合作关系以来的第四次活动。两校校长分别就双方合作活动进行了总结,并对下学期的合作活动进行了初步规划，双方表示今后将进一步相互交流，实现资源和优势互补。

2011年3月1日，上海刘行新华实验学校的副校长、教导主任、英语教研组长、九年级英语备课组老师及部分英语学科老师，前往新华初级中学，进行了九年级英语学科教学的交流探讨活动。

活动中，老师们热烈发言，就本校英语学科教学中遇到的难题交换了意见，针对考纲、一模考的某些知识点提出了自己的看法。

从2011年4月7日起，我校派遣外语教师刘宇到新华初级中学蹲点取经学习，每周两天。刘宇老师深入华初六年级英语教研组，参与他们的集体备课活动。

三、成果初现

1. 外语学科集体教研、集体备课初具规模

刘行新华实验学校前身是刘行中学，有着50多年的历史，10多年甚至20多年的教学经历已经使我们的教师习惯于孤军奋战、各自为战、单打独斗，即使只有几年的新教师也被这种习以为常的教学习惯慢慢同化并共同成为同化未来新教师的主力军。在向新华初级中学的学习中，我们觉得，最关键的是要把英语组真正的合作团队建立起来，营造一个共同备课、共同研讨、共同探究的合作团队，让合作真正的成为每个教师的必需。目前，我们外语组初步形成了这样一个新的团队，教师们因为看到了新华初级中学的榜样，开始在教学中不断促使自己的进步。

2. 逐步形成资料的积淀

在努力实现真正意义上的合作团队以后，要尽快建立适合我校特点的各年级的英语学习题库，作为我校巩固英语成绩的基本保障。新华初级中学的取经、指导给了我们很大的启发，新华初级中学的英语学科之所以能成为强势学科中的强势学科，除了该校拥有一支合作的教师团队之外，还有着深厚的学科积淀，形成了具

有自身特点的汇集全体英语教师智慧的英语题库,这为我们学校的英语学科建设指明了方向。我校的教师以新华初级中学的题库为参照量,正在逐步建立适合我校的外语题库。随着英语课改的启动,三年后必将形成具有我校特色的校本教材和英语题库,提升教师的专业水平,提升教学质量,造福学生。

借助外力,提升教学质量

刘行中学(现更名为刘行新华实验学校)有着53年的历史,自从2007年9月我担任校长后,在教研组建设上着重抓了两个方面的工作:

一是为提高教学的有效性,广泛开展听课、评课等校本教研活动。目前的听课类型可以分成:校级公开课、校级展示课、随堂课以及推门课。

校级公开课是指在学校层面,邀请同学科的教师,参与听、评课活动,按学校规定,每学期每个人必须要上一堂校级公开课。

校级展示课是指由骨干教师向同学科教师展示自己所上的公开课,其作用是引领和示范。

随堂课是指学校提前一天通知教师准备听他的课,所听的内容就是平时上的家常课。

推门课是指学校领导不打招呼直接进入教室听课。这是最能观测教师的平时上课的态度以及功底。

二是加强教研组内教师的团队合作精神和合作意识。以往各教研组的合作仅仅体现在统一进度、统一练习上。在共同备课研讨方面,尤其是在教学实施方面,如教学方法与策略的选择等,依然是各自为战,这从很大程度上制约了教学水平的提升。

到2009年春,上述两方面措施确实使我校教研组建设有了起色,但许多影响教研组功能发挥的深层次问题没有全部破解,教育管理与教学质量并未能显著提升。究其原因,主要有以下几个方面。

第一，学校客观原因。作为曾经的一所纯农村初中，地域条件限制了教师的视野，观念更新缓慢而艰难。几十年不变的教学观念和行为在新老交替中代代相传，新进来的教师被同化，再成为同化后来新教师的主力军。教师们安于现状，平静的湖面波澜不惊。当"二期课改"春风吹融了"结冰"的湖面，我们的教师被动地感受着无限春意，却无法真正融入春天，每天都在痛苦地重复着昨天的故事。

第二，教师自身原因。思维定势、传统观念使教师缺乏学习、研究和合作的意识与能力。他们把教研组的研讨看作是浪费时间的，认为教学反思是多余的，教学是小农经济下的单干，"自给自足"。什么共同备课，备课要备学生、备教法、备作业，什么校本研修、教研组的研讨，都被视作应付有关部门检查需要的点缀品，是教师工作的额外负担。

第三，教研组组长原因。教研组组长是从教研组教师中挑选出来的，一般是论资排辈。他们往往传承了老教研组组长的经验性工作和事务性工作模式，安于现状的多，开拓创新的少，既不能发挥教研组组长的领头羊作用，更不能适应"二期课改"对教研组组长的要求。

第四，教学管理原因。学校领导重视教育教学质量，但工作落实推进缺少思路和方法，教导处注重学科建设，但没有通过抓教研组建设去达成，牵牛没有牵牛鼻子，故造成这样的局面。

第五，制度设计原因。学校的教学奖励制度侧重于学科超分这个结果，忽视对提升教学质量过程的关注，忽视对该学科不同年级其他相关教师整体水平的认可。对教研组组长有职责要求，却没有考核奖励，责权不对等，起不到激励作用。

面对这种种现状仅凭学校自身的条件，很难有效突围，而借助外力，活血化瘀，应当是最好的路径选择。

恰逢教育局党委决定建立青年校长培训基地，我有幸成为周廉洁校长基地学员，使我在困惑迷茫中找到了希望。

如何认识和定位教研组功能？如何推进教研组建设？带着诸多的问题，我诚邀我的师傅——基地领衔人周廉洁校长上门诊断和指导。师傅通过自己学校的成功经验，结合我校实际，开出了对症下药的处方，为我校教研组建设指明了方向，并定期上门指导。同时，师傅还带领自己学校各学科教研组组长上门进行对口帮助。

解决问题的主要思路及措施如下：

第一，重视教研组组长的选拔和培养。教研组组长是一个团队的核心人物，他要具备组织、策划教研活动的能力，能促进教研组集中精力聚焦课堂教学，针对实际问题开展教研活动，增强教研组活力，使教研组内教师的整体素质和教学质量得以持续发展。教研组组长的培养工作主要是通过校本化的培训，同时借力区级以上各类培训平台，如进修学院的教研活动、基地学校的取经学习、华师大教学基地活动，等等。

第二，关注教研组的制度建设。在校级层面制定出教研组工作的目标和要求，健全并完善符合本校实际的教研制度，制定切实可行的课堂教学规范实施细则，为教研组组长的高效管理护航，为教师们的有效教研导向，在各学科组形成以"研"促教的氛围。2009年，针对教师备课中存在的诸多问题，学校研究制定了教师备课操作流程图，制成镜框悬挂在每个办公室内。许多教师，特别是新教师非常欢迎这一做法，并自觉地按照备课流程图备课，收效显著。2010年，在条件成熟的前提下，出台了《刘行中学教学管理制度》，明确了精细备课的具体目标，并且和教师的绩效考核挂钩。通过强制手段，逐步改变了教师习以为常的粗糙教学行为，从而促进了教师专业水平的逐步提升。

第三，关注教研组文化建设。从某种意义上说，一个组织的

"文化"无影无形,但润物无声,无处不在地影响着组织中每个个体的发展与成长。作为学校文化的一种亚文化,教研组文化在教师的发展中起着举足轻重的作用,是教师成长的"小环境""小气候"。当一个教师决定采用哪种教学方法的时候,他不仅要考虑学科、内容、目标和自身能力等变量,而且要受到教研组团队默认的教法的影响。一旦教学行为过多地违背这些默认的教法,那么这个教师很有可能会受到教师团队的排斥,会受到同事的非议,会产生不小的心理压力。在一定程度上说,教师对待工作的态度、对待学生的态度、对待同事的态度以及种种教育教学策略,都直接或间接地受到教研组文化的影响。

我们通过人性化的管理和谐成员间的关系,通过制度的规范形成成员间相互融合的观念和一致认可的行为,倡导一种民主的、积极的、合作的现代教研组文化。

"民主"是现代教研组文化建设的基石。只有组员之间关系的民主、平等,相互尊重、信任和理解,才能使整个教研组形成合力。组长不能滥用自己的权力,而应努力让每个组员体验成功,发展潜能。关爱组员,具有较高可信度、言行一致的组长更容易得到组员的认同。

"积极"是现代教研组文化建设的态度。"态度决定一切。"在新课改的背景下,每个教师要积极主动、大胆创新、勇于探索,成为终身学习者——熟悉学科教材,研究学科知识体系,理解学科基本精神,拥有开阔的学术视野。积极主动、求真务实的教研氛围的营造,更需要组长积极带头,并以自己勤勉进取的学习、工作精神感染每一个成员,从而构建积极的教研组文化。

"合作"是现代教研组文化建设的方式,合作、交流、对话应该成为教师专业发展的最重要途径。组长要打破教师间自我封闭的藩篱,倡导交流、合作与对话。在合作的文化氛围中,开放性的对话和交流会使每位教师的思想得到启迪,教学行为得到改善,同伴的思想与良好的建议会成为教师专业发展的重要资源。

总之,教研组建设的工作着力点就是帮助教师发展、进步,通过教师的发展、进步促进学生更好的发展与进步。

参与基地培训的两年,是我个人成长的两年,也是学校教研组发展的两年。这两年,我校的薄弱学科语文、数学、英语总体的成绩都有显著提高,引起了周边学校的关注,在宝山区公办学校中逐渐走到了前列。

与时俱进谋发展　锲而不舍创一流

山不在高,有仙则灵;校不在大,有"好"则成。

这个"好"字,是好的教学理念,好的教师队伍,好的学校管理。刘行中学这所位于宝山郊区的初级中学,以"劳技特色"为己任,致力于用创造性劳动去唤醒学生潜在的创造力,将创造力培养有机渗透到各科教学中。近年来,我校不断加强管理,深化教育改革,全面推进素质教育,在实践过程中,勤于探索,勇于创新,从普及和提高两个层面,以劳技教育作为全面实施素质教育的切入口,着力构建培养学生自主能力的德育体系,从而形成了独特的办学特色,办学水平和教育质量逐年提高,赢得社会的广泛赞誉。

积极探索　特色立校

我校师资力量相对薄弱,但由于地处农村,我们充分发挥农村小孩吃苦耐劳的精神,调动他们的学习积极性,发扬他们乐于动手的长处,开创了自己的特色品牌——劳技特色教育。在全面推进学校素质教育的进程中,我校把劳技教育作为学校的办学特色,在劳技教育的实践基础上,着力探索实施创新教育,走出了一条新路。

劳技教育作为学校的一个特色品牌,首先,我们积极更新教育观念,强化学生的创新意识,培养学生的创新精神和创造力。其次,创设浓郁氛围,激发学生劳技制作的兴趣。创设具有劳技特色的校园环境,对于萌发学生劳技创造的意识,具有很重要的示范、熏陶、感染作用。再次，丰富活动内容，发展劳技教育的创造思维。我校开展劳技教育活动，十分注意劳技活动的层次性，并能根据学生的知识水平和兴趣特点，按循序渐进的原则有针对性设计活动内容和形式，逐渐形成"内容多样、活动自主、方法灵活"的劳技教育模式。

与此同时，学校注重强化学生实践，孕育劳技教育的创造成果。劳技教育是动手和动脑的结合，首先把劳技教育活动摆上重要议事日程，定期研究，具体布置。积极地创建多层次多形式的劳技科技活动小组，保证学生独立活动时间，组成课外劳技活动小组。另一方面，每学期开展一次劳技活动月活动，要求学生在活动期间，做一件拿手的劳技小制作，写一篇劳技制作的说明文，通过"小制作""最佳方案"评比总结表彰活动，评出一批劳技特长生，发现一些好苗子，重点辅导。

生动活泼的劳技活动，发挥了学生的兴趣特长，发展了学生个性。用一把尺子去测量学生的素质，是我们教育曾经的失误。劳技活动的实践过程，不仅能开发学生的创造力，使学生有更多展示自己才华的机会，更有利于学生的全面发展。

目前，"以科技、劳技教育为载体，全面实施素质教育"的观念已初步贯彻到我校每一位师生的心中，学校领导和教师都深深意识到实施科技、劳技教育，是培养学生创新能力和实践能力的有效途径。

自主创新　构建模式

培养合格的现代化人才是我们教育的根本目标。作为现代人，应以自主意识和自主能力为第一要素。本着这种认识，我们着力构建培养学生自主能力的德育体系。

自主教育的目的是要造就具备适应时代发展的有竞争力的、

具备良好的综合素质和个性品质的人。因此,知识的积累并不是最重要的,重要的是能力的培养和人格的塑造。自主教育推崇的是对人生意义和理想的追求,反对盲目的信仰和崇拜权威,强调理性,重视科学。自主教育的原则是以学生为本,对受教育者无条件积极关注。

自主教育理论强调放手让学生自主,但绝不是放任自流,而是在不管中"管",给学生一个自主的空间。自主教育反对对学生的强制与命令,灌输与说教,压抑和打骂,溺爱和言听计从。我校根据时代要求,结合学生实际情况,把自主教育细化成四个方面,即人格上自尊、行规上自律、学习上自主、生活上自理,让学生做生活的主人、学习的主人、集体的主人、社会的主人,充分发展个性,发挥潜能,成为各方面素质全面和谐发展的人,并以此促进学校面貌的变化,形成自主教育的特色。

人格自尊是着力于培养健全的人格,它包括培养学生对自己、对班级、对学校、对家庭、对集体、对国家的自主负责能力,培养学生迎接挑战的品质和为环境改善、国家民族发展的献身精神。

行规自律是着力于道德规范的内化,使学生由他律到自律转化,它包括提高学生自我控制能力,能自觉遵守学校的各项规章制度和社会公德。

学习自主是培养学生的主动学习能力。它包括培养学生指导和控制自己学习的能力,具体制订学习目标的能力,针对不同学习任务选择不同学习方法和学习活动的能力,对学习结果进行评估的自主学习能力。

生活自理是提高自我生存能力。它包括培养学生自己料理自己生活的能力,树立学生对家庭、对国家的自主负责的意识。

自主教育对学生成长所起的作用是不言而喻的。学生通过自主教育可以最大限度地发挥自己的潜能,自主学习,自我约束,自主管理，自理自立，成为一个德才兼备的人。国运兴衰，系于教育，21世纪的竞争归根到底是人才的竞争。世界政坛的风云变幻，国际竞争的日趋激烈，科学技术的迅猛发展，对人才的素质提出了更新、更高的要求，对教育提出了前所未有的挑战。传统的"以书为本，以师为本"的教学方式已不符合时代需求。今天的教育改革和课堂教学已不仅仅是在传统教学体系中作些方法和技术层面上的改进就能解决问题的，而必须从原有传统的教学观念和教学方法体系中"突围"出来，蜕变出来，切换到新的观念和系统中。自主教育不失为一种好方案。

坚持不懈　提升质量

我校是一所具有50年历史的老学校，学校管理比较侧重于人性化管理。随着社会的不断发展，必须要强调制度化管理。2008年，经行政班子酝酿，教代会讨论通过了《刘行中学三年发展规划》《刘行中学中学生行为守则》《刘行中学初三老师补贴办法》《建立琅琅书声的早读课制度》，等等。实践证明，新的规章制度切实有效地促进了学校各项工作规范、健全、有序的发展。

本学年，教导处按照学校工作计划，精心组织了听课、评课等校本教研活动，开展了一年一度的学校中青年教师教学评比活动，召开了10次家长会及各年级的任课老师质量分析会，有效地保障了我校教育教学的健康发展。学校重视对新教师的培养，开展了师徒结对活动，通过专家引领、优质课展示、以优带教、以优促教，促进了新教师的成长。我校的教学研究以教学过程为抓手，以教学问题为中心，以提高教学质量为目标，以总结反思为形式，逐步形成问题即课题，以教学研究促教学的氛围，不断提升教学水平。2008年，我校在原有科研的基础上，设立了两个校级课题，一个是陈燕老师负责的"初中英语单元学案的开发"，另一个是刘宇老师负责的"契约式目管理法的试点"。

　　教学工作始终是学校的中心工作，是一切工作的重中之重，是学校的生命线。教学质量是一所学校得以可持续发展的根基，也是社会对一所学校评价的一个重要标准。2008年我们全体教师发扬了刘行人的优良传统，发扬了苦干加巧干的精神，狠抓教学质量，取得了较好的成绩。

　　重视时机不等于发现时机，发现时机不等于抓住时机，抓住时机不等于享用时机，我们刘行中学将紧抓机遇，与时俱进，为我们的老师和学生开创美好的明天。

走"新优质"发展之路

当前,"新优质学校"的推进正成为基础教育改革和发展的一个"新动向",作为一种新的改革思路,"新优质学校"推进的目的是培养一批新的名校,它们不是靠学业成绩排名和升学率成名,而是靠育人质量与传统优质学校竞争。"新优质学校"是要改变长期以来名校依靠聚集优势资源、汇集优秀生源的发展模式,通过具有实际针对性和一定创造性的研究探索过程,形成个性特色较为鲜明的办学经验。"新优质学校"的推进为传统标准下的薄弱学校的发展提供了契机。

一、摸清家底,找准路子

吴淞实验学校是 2004 年由泰和路小学与吴松四中合并而来。在区教育局的关怀下,如今的吴淞实验学校环境和面貌焕然一新,现代化的教学设施为学校的"新优质化"发展提供了强有力的物质和技术保障。学校现有 37 个教学班,在编在任教师 101 人,其中高级职称 6 人,区学科带头人 1 人,教学能手 4 人,平均年龄 41 岁左右,正处于职业发展的黄金时期。他们团结合作、吃苦耐劳、敬业奉献,为提高我校教育教学质量,走"新优质化"发展道路奠定了坚实的基础。近年来学校的教育教学等各项工作都取得了明显进步,获得了全国科技体育传统学校、上海市安全文明校园、上海市体育传统项目学校(桥牌)、区文明单位、区科技特色学校、区绿色学校、区艺术教育特色项目学校(陶艺)等光荣称号,连续几年在区教育局考核中被评为优秀单位。这些成绩的获得既得益于区教育局的政策支持,也离不开全校师生的共同努力。

一是立足"集团"资源,带动整体发展。吴淞中学教育集团按照集团整体发展规划,以高中带初中的形式,积极发挥吴淞中学自身优势,在教育、教学、师资等资源方面优先给集团学校以支持和帮助,努力为社会提供高质量、高品位、多样化的教育服务,这使得我校依靠重点高中而享有丰富的"集团"资源。

二是健全管理制度,规范各项工作。学校管理制度较为完善,适应现代学校发展的趋势和要求,并得到教职员工和学生的普遍欢迎,教育教学、民主管理、后勤服务等各项工作秩序良好。

三是建设校园文化,形成良好校风。学校重视校园文化建设,"创和谐校园,建文明校园"已成为全校师生的共识,形成了和谐向上的校园氛围与教学环境,能较好地满足师生需求,学生整体素质有所提高。

四是强化师资队伍,提高教学质量。树立"教师是学校发展的第一资源"的观念,围绕师德以及教师专业发展开展校本研训,鼓励教师参加学历进修和上级教育部门主办的教育教学评选比赛等活动,激发教师和谐竞争的内在需求,提高广大教师教育教学能力和水平。青年教师通过区见习教师规范化培训以及学校的带教进步明显,能较好地胜任工作。

二、明确目标,开好方子

摸清学校的底子,吃透"新优质"的理念,才能在"新优质"的发展道路上开好方子,迈好步子。走"新优质"发展道路,首先意味着办学理念的更新。学校的办学理念是"交给我希望,还给你满意",它反映了学生的差异化发展,以及人人都能成功的教育思想。

在走"新优质"发展道路中,我校依托吴淞中学教育集团管理优势,以改进课堂教学、积极构建和谐向上的学校文化为重点,把学校办成有特色的、声誉好的"新优质学校"。首先,教育教学质量明显提高。以优化作业设计为抓手,改进课堂教学,提高教师教学能力和水平,使学科教学整体质量居于全区九年一贯制学校前列。其次,校园文化进一步提高。创设规范、精细、温馨的教育教学环境,不断增强教师、学生的荣誉感和归属感;营造教与研、和谐与合作的氛围,打造和谐向上吴淞实验学校文化。第三,特色发展更明显。整合学校现有资源,进一步做强已有的无线电科普、桥牌、陶艺等特色项目,并能发现和培植新的特色生长点,使得学校特色在原来基础上发展更明显。

基于化学学科属于学校薄弱学科的原因,我们确定了"九年级化学学科优质作业的设计"作为"新优质"发展的突破点。

我校属于城郊学校,地处吴淞老城区,再加上城市发展带来的大量外来人口,所以生源以及学生的学习基础、学习习惯都有很大的差别,显得参差不齐,为此我们采取因材施教、分层教学的形式。化学是学生进入九年级才接触的,这门学科在学习上具有启蒙性、基础性、实验性、符号性的特点,在学习安排上又有时间短、跨度大的特点,这些都对学生的学习带来不少困难。再加上教师自身的专业素养、课堂教学的有效性、教学环节的创新等一些因素的影响,使得学生难有成功的体验和尝试,从而一部分学生对化学学习失去了信心和兴趣。这直接影响到了化学学科的成绩,使它成为九年级各学科中的薄弱学科,在一定程度上阻碍了学校的发展。

怎样加强化学这一薄弱学科的建设,从阻碍发展转到促进发展呢?课堂作为开展教学的主阵地,历来为众多教育工作者所重视,所以我们首先从加强课堂教学的有效性着手,通过"请进来(指导听课)、走出去(学习交流)"的形式取得了一定效果,但是进步不是很明显。经过调查和梳理,我们发现在实践中作为教学中重要环节之一的作业设计往往被教师所忽视,存在"穿新鞋走老路"的情况,一是教师设计的作业形式单调,绝大部分为书面作业,缺乏针对性；二是设计练习的要求没有充分考虑学生的个体差异，没有体现分层教学的特点，变成一刀切；三是作业设计随意，有时一张试卷或是几道题目就解决（教参教辅直接用），属于拿来主义，缺乏选择性。这样的作业不但失去了作业应有的意义，而且磨灭了学生学习化学的兴趣，更谈不上学生实践能力、创新能力的培养。

三、强化措施，迈好步子

以教材、课标和课程计划为指导，从教学环节入手去研究传统的作业，再在形式、内容、数量的设计，作业评价的方式等方面去深入研究，促使学生积极、主动地参与，激发学生学习热情，从而全面提高教学质量，使学生在知识与技能，过程与方法，情感、态度与价值观各方面都得到提升。

我校计划利用三年的实践，初步探索出利于促进学生发展、提高化学学科成绩的"优质作业"体系及作业评价的有效方法和途径。

第一阶段：准备阶段（至2013年12月）。学校成立项目组，包括教导处、科研室、化学组全体成员，学习有关新优质学校的内容，收集和梳理本校在创建"新优质学校"方面的相关资料，制定"新优质学校"创建三年规划。

第二阶段：实践阶段（2014年1月—2014年12月）。主要落实两项工作，一是完成所有新授课的优质化作业的编制。二是针对化学学科的优质化作业设计，进行公开课展示及有关研讨活动。

为了保证项目的顺利推进，我校强化组织保障，成立了"新优质学校"创建工作领导小组，校长为第一责任人，书记为共同责任人，同时成立由分管领导、教导处、科研室等职能部门管理人员以及化学学科教师组成的项目组，并邀请区教师进修学院教研员、科研员共同参与指导，制订翔实可行的学年工作计划、实施方案，责任到人，层层落实。同时根据时间节点分层面检查阶段目标达成情况，评估工作成效，并在后续工作中加以改进。

契约式班级管理的研究与实施

一、课题提出的背景、课题研究的意义

随着市场经济的建立,教育关系的变化,社会与学校、学校与学生的关系发生了改变。学校作为传播知识的摇篮,受到全社会更多的关注。而学校中最广泛的人群,就是学生。学生除了要履行受教育的义务,更享有教育法给予的权利。教育改革的深化,使得班级与学生的关系更为密切。班级的管理直接影响到班级班风建设及班级学生成绩的好坏。因此,需要一种新的班级管理模式来适应现在的教育教学。

传统的班级管理一直以班主任为中心,学生只是受管理的对象。这样有失于民主与平等。为了使班级与学生更和谐为一体,充分调动学生的主观能动性与积极性,我提出了一种契约式班级管理模式。这一模式能适应现代教育改革的需要,改变教师在教学及班级中的主导地位,使师生间关系更趋于民主、平等。

契约式班级管理呼唤一个凸显契约精神的班级氛围。契约表现一种平等的价值观。师生之间有了这种平等观念,双方就可以依据自己所履行的义务,尽心尽责地完成自己所承担的责任。

契约式班级管理有利于形成立体的管理体系,班级中不再是班主任唱独角戏,学生都被调动起来,配合班主任一起管理好班级。

契约式班级管理有利于培养学生主体意识,提高自我管理的能力。

二、课题研究的理论依据

班级管理是实现学校教育目标的重要环节,班级管理采取不同的管理模式将会产生不同的教育效果。班级管理要使学生真正获得个体的自我实现,需要给学生更多没有"约束"的自由。他们既需要获得思想的启迪,也需要获得扎实的知识基础,学会如何做人。所以寻求一种良好班级管理模式也就显得尤为必要,而班级契约管理在一定意义上能够满足这一要求。班级契约管理是指班主任在进行班级管理的过程中,以自由、平等为班级管理的基本理念,以班主任与同学之间在平等的基础上制定彼此共同遵守的班级管理规则为重要手段,以实现学生独立人格获得良好发展为目的的一种班级管理模式。班级契约管理体现出了班级发展对自由、平等及民主精神的追求与向往,也表明班主任的班级管理思想、理念及行为方式将发生重要的变化,过去那种以班主任主宰班级一切的行为将不复存在,取而代之的是以一种班级师生之间的彼此对话。最主要的是班级通过契约管理将改变过去那种学生对教师的人身依赖关系,而代之的是学生自我独立人格在法理环境中的进一步发展与完善。契约隐含的有关契约各方平等、自由和互利互惠的精神,使它逐渐成为调整现代师生关系的一个基本准绳。中学班级契约管理的主要形式有两种:一种叫正式契约,一种叫心理契约。正式契约是班主任与学生之间非常正式与具体地对权利与义务关系进行明确的规定,需要彼此双方共同遵守成文的行为规范;心理契约在本质上是主观性的,形式上是非正式、不具体的。

三、课题研究的目标

深入具体地了解、分析现在教育的现状,运用现代化教育技术,摸索并总结出适合学生的新的契约式班级管理模式,以提高班级管理的有效性。

提高学生的自主管理能力，以学生为主、班主任为辅，制定适合本班特色的班规，用以规范学生的行为。

对学生进行诚信教育，使学生与班主任都了解诚实守信的重要性，也为顺利履行心理契约奠定基础。

四、课题研究的内容

1. 学习契约

国家赋予了学生很多权利，也明确了学生的学习义务。"学习契约"就是明确学校和学生双方的权利和义务。

2. 品行契约

学生品行契约式管理模式的探索与实践，是学生品行教育的有益尝试。明确学生在校期间应遵守的规章制度，而且此后凡违反校纪校规的，均按规定处置。同时，学校与学生及其家长签订共同教育、共同培养的"目标责任书"，明确各自的权利和义务，以此来培养和增强学生的主体意识，逐步消除学生对家庭、社会和学校的过分依赖思想。

3. 心理契约

学生"契约式"管理模式不能忽视主体之间心理契约的存在。所谓心理契约是指契约双方彼此对于对方的一种心理上的潜在的期望和要求。学生自进校开始对学校就有一定的期望或者要求，当然，学校对学生也有期望和要求。因此，在建立学生契约式模式管理过程中，确立什么样管理目标、签订什么样的契约内容以及怎么样实施，都必须要立足实际，与主体双方的心理预期相适应。

五、课题研究的方法

（1）实验研究法：通过问卷调查，了解学生目前的学习现状，征求他们的意愿，然后予以实行。

（2）问卷法：定期通过问卷了解学生对班级契约管理的意见及建议。

（3）行动研究法：在调查研究的基础上，通过实践，验证契约式管理的有效性。

（4）比较研究法：通过在本班级实行契约式管理，对比实行前后班级管理的变化，对比本班与其他班级之间的差异。

（5）分析法：通过对事物原因或结果的周密分析，从而证明论点的正确性、合理性。

（6）经验总结法：以个案为载体，通过不断实践改进，及时进行经验总结。

在研究过程中，我们不断根据学生的现状对已实现的契约进行评价，并作出修订。现在已经能用有形的契约与无形的契约来规范学生的行为。

六、课题研究的步骤

（1）课题研究准备。首先选定课题，深入学习教育学、心理学，提高自身理论水平；然后，明确课题研究目标、研究内容、研究思路、研究方法和实施步骤；最后开始付诸行动。

（2）收集原始资料。通过问卷调查，了解学生对班级的要求，达成班级管理的共识。

（3）综合分析。根据反馈上来的结果，分析学生存在的问题，并制定出适合个体及整体的契约。

（4）全面总结。从实施的正式契约与心理契约的情况，找到更适合学生的条文，用以推广。

七、课题研究的主要过程

（1）和学生制定班规，明确在班级中学生的义务与责任。

（2）学生之间制定班级结对协议书。

（3）和个别学生制定契约式管理目标。

（4）通过定期检测协议执行情况，了解学生进步与否。

（5）通过以上步骤的实施，与试验前进行对比。

（6）分析总结。把试验前的相关资料加以整理和分析，总结出试验的得失，力求推动契约式班级目标管理在各年级实践和应用。

八、课题研究成果

（1）通过这一研究，学生已养成自我管理的能力，能自觉遵守班级班规，养成自主学习的习惯。

（2）通过这一研究，我校教师与学生形成了新的契约式关系，不仅班级管理趋于和谐，学生成绩也大为提高。

（3）通过个案的研究，我校教师的班级管理水平得到了提高。

创建学习型学校　打造自主教育品牌
——吴淞实验学校发展五年规划(2016—2021年)

随着2016年新年钟声的响起,我们吴淞实验学校又将进入一个新的五年发展阶段。这五年,是我区教育"十三五"规划实施阶段,也是我区进行教育综合改革、创建陶行知思想教育创新区的阶段。为了积极响应、落实国家、市、区教育政策和方针,承前启后,促进我校平稳、健康发展,特编制本规划。

第一部分　学校发展的优势与问题

当前,以改革促发展已经成为全社会的共识,教育改革也正如火如荼地有序推进,教育思想层出不穷,信息技术日新月异,不仅改变着人们的教育观、人才观,也推动着学校教育朝纵深方向发展。新的教育发展形势既为我校的发展提供了新的机遇,也使我校面临着新的问题和挑战。

一、教师队伍

有学者指出,教育改革的核心环节是课程改革,课程改革的核心环节是课堂教学,课堂教学的核心环节是教师的专业发展。建设一支德才兼备、具有科学理论和教育教学创新能力的教师队伍,是学校发展的关键因素。目前,我校教师存在的主要问题如下:

第一,教师的教育观念有待进一步更新。随着新课程的推进,我校教师的教育观念有了一定的更新,"以生为本""以学定教"等理念在日常教学设计和课堂教学中有所体现。但教师们的教育观尚未实现全方面、立体式的革新，总体上缺乏对国家当前教育改革时代特征的正确把握与理解；教师的学生观等有所转变，但课堂教学价值观、学习观、知识观等的转变尚未触及。

第二，教师的发展动力有待进一步提升。我校不少教师家庭条件优越，且近年来学校教师缺乏流动性，无法为学校补充必要的新鲜血液和活力。诸多因素导致他们安于现状，缺乏专业发展的内在追求，缺乏长远的自我设计、自我反思、自我更新，导致教师的未成熟期拉长，职业倦怠感强，自我效能感不足，这不仅制约了自身的业务发展，也使得学校不少制度无法真正落实。

第三，教师的发展平台有待进一步夯实。我校已形成一支团结合作、吃苦耐劳、结构稳定的教师队伍，为推动学校的发展奠定了坚实的基础，但整体上看，我校教师缺乏科研意识，也缺乏"名师"级别教师的引领，从某种程度上制约了学科建设的纵深发展。尽管学校一直十分支持教师参与各级各类学习和培训，但是由于教师专心钻研教材教法而疏于总结与归纳，从而较难有效搭建研训一体的校本研修平台，也缺乏研训一体的有效途径和方法。

二、课程体系

课程是实现育人目标的重要载体，《基础教育课程改革纲要（试行）》明确指出，初中阶段设置分科与综合相结合的课程，积极倡导各地选择综合课程，学校应努力创造条件开设选修课程。近些年来，围绕国家课程校本化实施，我校也进行了诸多实践，但缺乏对基于校情、学情的深度分析，缺乏对学校多年的课程改革实践的深度总结与整理，存在的问题主要如下：

第一，课程资源需进一步拓展。新课改要求学校应充分发挥"图书馆、实验室、专用教室及各类教学设施和实践基地的作用；广泛利用校外的图书馆、博物馆、展览馆、科技馆、工厂、农村、部队和科研院所等各种社会资源以及丰富的自然资源；积极利用并开发信息化课程资源"。我校教师缺乏课程资源意识，对相关资源的开发和利用多局限在学校内部，没有有效向社会、自然、生活等方面扩展，不利于校本课程的开发，不利于学生的全面发展。

第二，课程体系需进一步丰富。尽管我校形成了一些特色校本课程，如无线电测向、桥牌等，在科技、陶艺、美术、生物等方面也正在形成特色，但从上海市"二期课改"关于学校课程结构的要求——基础型课程、拓展型课程和研究型课程三类主干课程结构——来看，我校基础型课程比重过大，拓展型课程和研究型课程的开发力度有待加强，校本课程不够丰富，尚不能实现"不一样的学生，不一样的课程"。

第三，课程功能需进一步整合。目前学校已初步开发的若干校本课程，其目标涉及民族精神、创新精神、实践能力、团队精神等方面，但后继的校本课程开发乏力，且校本课程的开发存在"碎片化"问题，缺少从学校培养目标和新时期学生核心素养培养的角度进行整体规划。学校需要对校本课程的开发、校本课程的定位和意义作进一步思考，校本课程之间的关联性需要进一步加强、统整，要突出时代对学生核心素养要求的培养，彰显学校自主教育的特色。

三、教育教学

课堂教学是课程改革的核心环节和主要阵地，但由于学校教师的教育教学观念仍然较为陈旧，教学改革一直在低层次上徘徊。

1. 教学管理有待进一步精细

在区教学精细化管理课题的引领下，我校也强化了教学精细化管理，以教学质量提高为核心，不断完善教学常规管理，形成了备课—上课—作业—辅导—学习—反思等较为完备的教学流程，但以下三方面的制度还有待进一步精细化。一是民主科学的教学管理机制有待进一步精细化。民主决策和科学管理是教学管理的关键，学校不仅要进一步建设好教职工代表大会制度，加强对教学事务的民主管理和民主监督，还需要建立专家学者参谋咨询制度。二是以"校"为本的教学研究制度有待精细化。学校虽然制定了教研方面的管理制度，但学校缺乏名师的引导，"教研活动的主题化、教研路径多样化、研究成果课程化"的综合教研机制尚未建立起来，崇尚研究的教学文化尚未形成。三是以"促进教师成长"为根本的考评制度还需进一步精细化。教师考评制度要体现新课程的精神，要能够激发教师自我反思、追求进步，进而激发教师自我发展的内在动力。

2. 课堂教学有待进一步转型

尽管我校教师在教学观念上有所更新，但理念认识较为肤浅，相当一部分教师缺乏对课程标准的深入研究，课堂教学不能有效贯彻课程标准的要求。总体上看，我校课堂教学还存在以传统模式为主要形式，教师在教学中的角色没有转变，依然是传统的"教书匠"，学生在课堂中的主体地位尚未真正落实，学生在课堂中的生命活力得不到最大限度地充分释放。课堂教学还需更好地处理知识与能力的关系，"教教材"依然是教师的主要任务，新课程倡导的自主学习、合作学习和探究学习还有待于落到实处。可喜的是，在2016年的校教学大奖赛中，我们已经看到了教师教学理念转型的趋势。

3. 教育科研有待进一步突破

在新课程背景下，教师的任务不再仅仅是"传道授业解惑"，教师成为研究者是科研兴校、科研强校的关键要素。我校教师由于全身心投入教育教学，对科研的重要性认识不足，所以参与教育科研的动力和热情不足。学校科研课题比较少，科研总体水平还不太高，大都停留在经验的概括和总结的层次上，没有把教师自身的实践优势在研究中体现出来，缺乏把经验提升到理论高度的方法，研究难以收到实效,在区内获奖的成果也很少。学校的教育科研有待进一步突破。

四、学校德育

德育工作是学校工作的重点,也是难点。近些年来,学校围绕家庭教育、心理健康教育、少先队活动等方面开展了不少主题教育活动,不断加强德育队伍建设,不断促进家校良好沟通,努力构建三位一体的德育体系。但还存在以下问题。

1. "生活德育"体系有待进一步加强

加强与生活的联系,贴近学生的实际,是当前德育改革的走向。目前,宝山区正在大力推进"陶行知教育思想发展区"的建设,紧密围绕陶行知生活教育理念,紧扣时代特征和社会需求,开展"生活德育"项目研究,提升德育课程品质,促进德育方式转型。我校已形成完整的德育工作体系,但以"生活教育"理论为指导构建"生活德育"体系还有待加强,德育内容与实践还不够贴近学生群体、贴近学生思想实际、贴近学生生活现实。学校德育要坚持以人为本,坚持自主德育,构建德育生活化内容体系,搭建德育生活化实践平台,突出道德主体和道德体验,激发学生的主体意识。

2. 德育品牌建设有待进一步加强

学校德育特色品牌,不仅包括德育活动、内容具有独特性、创新性、科学性和广泛影响力,更包括学校德育模式的建构和德育文化的积淀和形成。德育品牌建设是我校开展新优质学校建设的必经之路。目前,我校德育无论是在班主任建设、心理健康教育、少先队建设,乃至"一校一品"建设,在区内具有一定影响力的成果都很少。学校德育要树立起品牌意识,要围绕"加强学生自主管理,提升学生自主能力"构建自主德育体系,为学生的终身发展奠定基础。可以结合我校当前的学生自主学习项目"晨间习读"做一些有效探索。

3. 德育队伍建设有待进一步加强

就我校实际情况看,"重智轻德"的现象还普遍存在,德育品牌不足,自主德育体系尚未有效建立。制约学校德育进一步发展的关键因素是德育队伍的素质和德育创新能力。我们要搭建学习交流平台,促进班主任、心理健康教师业务能力和职业道德。要加强学校德育课题的研究,围绕学校自主德育,积极推进班主任工作研究,将德育队伍建设与德育科研结合起来,将德育队伍思想建设与"科研兴校"结合起来。

第二部分　发展思路

一、办学理念

1. 教育理念:家校互动、全面育人、自主发展

学校与家庭精诚合作,充分发挥环境、课堂、活动、管理等育人价值,着重培养学生的自主意识和能力,促进学生健康、和谐发展。

2. 办学口号:交给我希望,还给你满意

珍视家长的期望和托福,面向全体学生,认真、负责、有效地开展教育教学,努力把学生培养成为品行优良、学业有成、健康活力的有用人才。

3. 学校校训:勤奋、进取、负责、和谐

勤奋:教师勤教,学生勤学

进取:教师创新,学生上进。

负责:教师对自己所从事的职业负责;学生对自己的学业负责。

和谐:教师之间、师生之间、教师与学生家长之间、学生与学生之间关系的和谐。

4. 学校校风:风正、尚礼、有序

风正:学校风气严正。

尚礼:崇尚礼仪,和谐温馨。

有序:教育教学井然有序,学校管理井然有序。

5. 学校教风:勤奋、合作、有效

勤奋:天道酬勤,勤能补拙,强化责任意识,全身心地研究教育教学,体现崇高的教师师德。

合作:深化教研组备课组活动,深化班主任及任课教师的工作研讨,促进教学质量的整体提高。

有效:讲究科学,寻求策略,提高效率,体现教师的专业水平。

6. 学校学风:刻苦、自信、有悟

刻苦:学生学习刻苦。明确在学习的道路上没有捷径可走,刻苦是唯一的出路。

自信:教师与学生对自己与学校有信心。

有悟:会学习的前提就是会领悟,被动的学习永远没有出路。

二、指导思想

1. 发展思路

牢固树立依法治校和民主管理的思想,全面贯彻《上海市中长期教育改革和发展纲要》的精神,积极落实、执行《宝山区教育改革和发展"十三五"规划》《宝山区教育特色综合改革方案》,以实施素质教育、全面提高育人质量为目标,围绕学习型学校建设,激发教师工作热情和创造性,完善学校自主教育课程,加强教育科研和教学改革力度,重构学校文化,走可持续发展之路。

2. 工作原则

(1) 整体性原则。把学校工作作为一个整体,把九年义务教育作为一个整体,把师生的成长过程作为一个整体,思考落实学校教育工作,科学促进全体师生的全面、和谐、可持续发展。

(2) 连续性原则。保持学校工作的连续性,坚持九年义务教育一贯制,促进学校工作的持续发展。

(3) 科学性原则。尊重教育规律,遵循并不断探索教育规律,深入思考、筹划和实施学校教育工作,推动学校事业健康持续发展。

(4)协同性原则。学校各部门、各学段之间,学校与上级部门、平级单位、涉教单位之间加强沟通与协调,做到心往一处想,劲往一处使。

(5)发展性原则。立足当前,着眼未来,以师生的发展为本,使学校一切工作为师生的发展服务,为学生的人生奠基。

第三部分　发展目标

以转变管理方式、优化管理手段为抓手,实施教师专业发展转型,建构自主教育课程体系,培植学校科学教育、桥牌教育等特色,打造学习型学校文化,全面实施素质教育,到2020年左右,学校成为吴淞地区的教育高地,成为教育教学质量一流的九年一贯制学校。

——完善学校依法治理和民主管理体系,使"创建学习型学校,打造自主教育品牌"成为学校共享的价值观和与愿景。

——明确细化培养目标,将学生培育为具有主动发展意识与主动发展能力的人。

——优化整合课程资源,构建纵向一贯、横向拓展的自主教育课程体系。

——实现学校教师主业发展转型,建立结构合理、素质优良、能实施自主教育的教师队伍。

——以自主教育为灵魂,构建阶段性、连续性相结合的学校德育体系。

——强化校本研修,探索自主教育教学模式,实现各个学段以及备课、上课、批改、辅导、考试、评价等各个环节的整体优化,提高课堂教学效率。

——整合资源,做大、做强学校科学教育、桥牌特色。

第四部分　主要建设工程与项目

一、以学习型学校建设为核心，丰富学校文化

1. 建立共享的价值观和与愿景

领导的中心任务是为学校确定一个共同的、鼓动性的愿景，并渗透到每一个成员的思想和心灵之中。

（1）创建学习型学校，打造"自主教育"品牌。学习型学校是在学校中建立一种通过学习来促进教师发展的学校文化。它从内在动力入手，激发教师的工作热情，使教师成为校本知识的创造者，不再是他人经验的模仿者。学习型学校主要包括：构建共同的愿景（所有成员分享同一个目标）、管理者与教师共享领导权（共同负责）、真诚的合作（互相合作开展活动）。学校领导从更多关注管理目标具体实施与监督控制，转变为更多关注学校共同愿景的形成。

自主教育认为，人的成长归根结底是主体性不断增长的过程，因此，最好的教育手段是通过培育受教育者的自主性，促进生命成长。学校必须把教育对象变成自己教育自己的主体，受教育的人必须成为教育他自己的人，别人的教育必须成为这个人自己的教育。

（2）全面育人，自主发展。最好的教育是知识的教育与思想的教育并重的教育，因此最好的教育目标是要训练头脑、滋润心灵、培育感情、激励精神。为了落实学校的办学理念，创建学校的特色，并且回应 21 世纪社会发展的需要，我校在未来 5 年内将带领全体教师一同思考、设计、构建对教师的教育教学行为具有较强的引领性与指导性，并且具有可操作性的育人目标体系。在各种素养的培育中，将重点把学生培育为具有自主发展意识与自主发展能力的人。

目前，学校先暂定一个育人目标体系（见图1），未来 5 年，将在这个版本的基础上不断进行完善。

图 1 吴淞实验学校育人目标体系

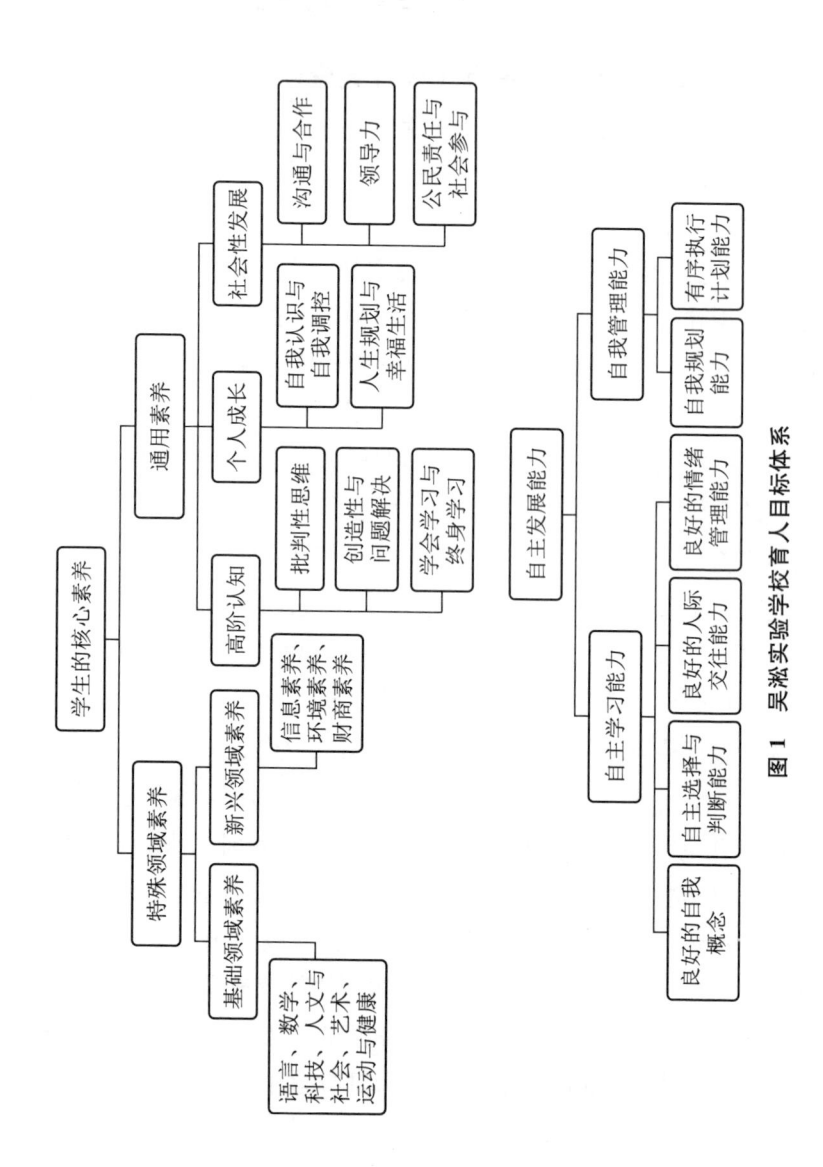

学生的核心素养

- 特殊领域素养
  - 新兴领域素养
    - 信息素养、环境素养、财商素养
  - 基础领域素养
    - 语言、数学、人文与社会、科技、艺术、运动与健康
- 通用素养
  - 高阶认知
    - 批判性思维
    - 创造性与问题解决
    - 学会学习与终身学习
  - 个人成长
    - 自我认识与自我调控
    - 人生规划与幸福生活
  - 社会性发展
    - 沟通与合作
    - 领导力
    - 公民责任与社会参与

自主发展能力

- 自主学习能力
  - 良好的自我概念
  - 自主选择与判断能力
  - 良好的人际交往能力
  - 良好的情绪管理能力
- 自我管理能力
  - 自我规划能力
  - 有序执行计划能力

2. 创建持续专业学习共同体文化

学习不仅是指吸收知识或者获得信息,更要涉及人之所以为人的核心。教师不断学习,自我否定,自我创新,工作不再是谋生的手段,教师从真正的学习中体悟工作的意义,通过工作,体会人生,追求生命内在的价值,探求生命的真正意义。

(1) 强调群体学习和实践应用。学校帮助教师认识在学校中与其他人一起学习的价值,全校的专业人员定期地一起学习,共同实践,做中学,分享新见解,反思专业实践,评估工作效率。学校内的学习成为教师工作的一部分。

(2) 建立分享式领导、分享式决策机制。学校的重要任务是把学校由组织转化为共同体,让全体教师共同承担责任。学校以项目管理方式,积极分享领导权,给每一位教师参与管理实践的机会,每一位教师都分担领导的责任。学校领导与教师共同分享权力、权威,共同决策。

(3) 建立保证个人实践得以共享的机制。学校建立一套严谨的程序、制度来引导、保障教师对同事的教学实践进行评论,让教师们争辩、讨论、发表不同的意见,分享成功和失败。这个程序与制度放在学校发展的首位。(评课,说课,微课等)

二、以自主能力培养为核心,构建自主课程体系

1. 课程建设目标

组织一支由学校骨干人员组成的学校课程建设团队(包括各学科骨干教师),对学校已有的课程进行梳理,使国家课程与校本课程之间建立较为紧密的逻辑关联,使校本课程内容之间的关系更加清晰,形成支撑学校自主教育品牌建设的学校课程体系,最终形成《学校课程建设方案》文本。

2. 课程理念

(1) 在知识能够得以应用的真实问题情境或者模拟真实问题情

境中,僵化的知识可以变得有用、有趣,可以提高学生的学习效率。

(2) 给予学生丰富的经历,无论是课程内容还是课程实施,都努力让学生在体验中培育自我效能,发展自我学习能力。

3. 完善学校课程内容架构

增加凸显自主发展能力的课程板块,同时,原有课程内容在实施上注重自主能力培养。梳理原有课程内容,使之在功能上更加集中。在原有课程内容的基础上,大幅增加现实主题和跨学科主题学习课程,并增加课程的趣味性。

三、以高效为核心,创建自主教学 5E 模型

1. 构建学校自主教学的 5E 模型

为支撑学校的自主教育理念,学校将组建一支自主教学研究团队,构建自主教学理念的 5E 模型(5E 模型表明学校在教学上追求的价值观)。以 5E 教学模型为基础,对教师的教学观念与教育行为进行引领,以发现、改进教师在教学中存在的问题为导向,改善教师的教学实践,提高教师教学有效性。

2. 构建专家—教师互动共同体

学校邀请学科专家进入课堂,与教师直接对话,进行以课例研究为载体的有效自主教学转型实验,让教师在专家的指导中提升教学研究能力与教学能力。

(1) 开设论坛,澄清教师个人教学价值观。邀请专家入校与教师共同探讨、构建教学文化。每位教师要能够清晰言说自己在教学上的主张,为形成教学价值观的共识奠定思想基础。

(2) 创建专家引领的"5E 自主教学"课例研究机制。选择学校学科骨干教师,成立自主教学课例研究团队,在专家的引领下,以课例研究为载体,围绕有效自主教学的主题,研发并完善 5E 自主教学模型,并采用循环实证法确证新观念、新模型的有效性。

(3) 创建"有效自主教学"小课题研究机制。学校创建自主教

学课题研究机制,从申报、开题、研究、中期汇报、结题报告等的流程规范课题研究,将教学小课题研究规范化、正规化、制度化。专家为教学课题研究提供开题答辩、中期评估、结题答辩等专业指导。依靠课题带动每位教师参与研究,将工作与研究合二为一,让研究切实为工作服务。

3. 建立激励制度,激发教师教学转型的动力

(1) 成立教学示范队,树立教改典型。选择在前期试点研修中已经成功转型的教师组成"教学示范队",为学校倡导的教学理念和策略进行示范教学,引领其他教师感悟新理念、新模式。

(2) 评选自主教育教学骨干。在教学转型实验进行一个阶段以后,借助专家帮助,建构学校的特色教学模式,同时鼓励教师在教学模式上的创新。此时可以根据教育局要求评选教育教学骨干,以此作为评选条件之一,享受教育局津贴。

四、以自主教育品牌为目标,设计教师发展模式

教师专业化培训的目标、内容、实施、评估等需要从支持学校建立共同愿景的角度开展,将教师专业发展理解为建立共同愿景的过程。

1. 教师发展理念:与学校发展紧密关联

从学校变革、学校文化重构的角度思考教师培训。教师培训以教师的实践为根基,以教师间、教师团队间的对话分享为核心,以专家引领的课例研修为载体,以项目团队为组织形式,以学校发展需要、教师发展需要为研修内容,努力使研修内容课程化。通过提升教师的品质,支撑学校自主教育品牌建设。行动原则为课程、课堂、课题三课联动,将课程开发、教学、研究进行有机整合,让学生发展、教师发展、学校发展进行紧密关联。

2. 教师发展目标:打造"品质教师"

学校组织一个团队,首先研究教师需要发展的各种品质,并使

之成为一个目标体系,以教师品质的框架为基础,讨论、完善教师的品质内涵。我校教师发展将通过培育教师的研究品质、学习品质来提高教师的教学品质,其中凸显自主品质的培育,将我校教师打造为一支能研究、爱学习、懂自主、会教学的品质教师队伍。本轮发展以提升教师的教学研究品质为核心(见图2)。

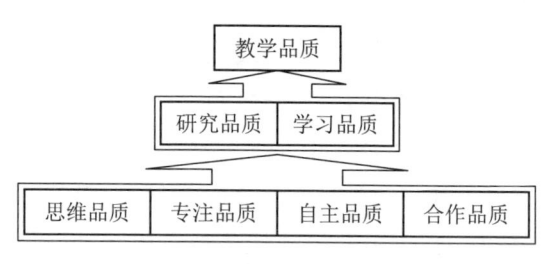

图2 教师的教学品质示意图

3. 教师发展内容:围绕目标进行课程化设计

教师的发展逐渐向围绕学校文化重构的、注重顶层设计的课程化方向转型。主要力气要花在建立、实现学校共同愿景上,即围绕着创建学习型学校、自主教育品牌建设着力。学校通过提高教师的研究品质与学习品质,提升教师指导学生自主发展的能力,提升教师指导学生自主学习、自主管理的能力。

4. 教师发展手段:让研究与学习成为习惯

(1)建立校本知识生产与分享机制。建立校本知识生产、储存与分享的机制意味着强调教师的合作与分享,增加信息流动性。一是建立骨干教师校内工作室,以项目研究的方式,促进骨干教师有效教学经验的辐射与引领作用的发挥。二是设立骨干教师教学、育人论坛。每月一次的骨干教师论坛,分享骨干教师的成功教育教学经验。三是开办教师成长沙龙,沙龙主要围绕学校自主教育以及学习型学校建设进行讨论。四是组建专家与教师联合教研室,学校聘请校外学科专家定期带领学校教师进行自主教学品牌的主题式教学研究,增加教师与校外专家的对话、交流、合作机会。五是以听课、评课制度规范教师共享教学实践。

（2）培养教师研究习惯。培养教师的研究习惯先从"七个一"入手：每组平均每二周开展一次教学课例的研究活动；每组至少有一个学科研究课题在运作；每位教师每学年至少主持一次组内教学研究；结合自己的研究专题,每学年写一篇教育教学感悟；结合自己的学习需求,每学期精读一本教育教学专著,并结合专著内容写一篇读后感；结合自己的研究主题,每学年上一节专题研究课；结合自己的学科特点,每学期做好一份特殊学生的成长跟踪记录。

（3）年度"自主教育杯"教学大比武。全校教师自由报名或者由教研组推荐,设定专项基金,对获奖教师进行奖励。比武内容包括命题技能、教学能力两项基本内容。在命题技能方面,由教研组长组织分析中考试卷以及历年的一模试卷,或对区质管考试卷进行详细分析,重点研究自己教学过程中知识点的遗漏以及今后弥补的方法。此项命题技能一般在组内完成,校级按学科参与,形成资料积累。在教学能力方面,依托我校的教学大奖赛,进行"自主教育杯"教学大比武活动。

（4）教学研究规范化、制度化：

第一,教研活动必须有明确主题。教研主题的确立是自上而下与自下而上并举,应从已有经验与学校倡导的自主教学价值观的追求中去寻找。

第二,按照组织形式,教研分为沙龙式教研、网上教研、团队合作式教研。学校先集中力量研究课例教研的基本流程及运作,待取得一定成效并形成一定研究经验之后,再分别研究其他形式的教研流程。

（5）打造校际教研联合体,助力团队成长。可以选择几个同伴学校,组建稳定的校际教研共同体,以协议的形式保证教研的定期开展。建立每年与几所区内学校长期分享与交流的机制,交流内容包括教学、管理、德育等各个领域。教研主持人可以与同伴学校轮流担任。校门的开放,利于教师团结合作意识的形成,开阔教师眼界,这也是一种学校宣传的渠道。教研共同体可不同年份选择不同的主题,经费共同负担。

(6)教师的发展路径:

第一,推进青蓝工程,促使青年教师成长。职初教师(5年以内)每学年上"亮相课、过关课、汇报课",开展"四个一"练功活动,即一堂公开汇报课、一篇论文(或心得)、一次即兴演讲、一个优质教育案例,促使职初教师尽快了解教学规律,缩短成长期。为提高师带徒的有效性,学校每学期选择固定时间举行拜师会(重视仪式的作用),明文确定师傅、徒弟的职责、义务。每学年举行徒弟技艺亮相大赛,统计及表彰徒弟的成绩。每学年举行青年教师教学技艺大赛,参赛对象为所有35岁以下教师。比赛内容包括教学设计、说课、上课、评价他人的课,不同项目占不同比重。在比赛中,评分标准的确定就是对教师的一种培训,可以起到以评促教的效果。

第二,推进名师工程,助力优秀教师发展。对优秀教师进行"五个一"考核。要求学校骨干教师等级之上的教师,每人有一个发展规划,有一个研究课题,每学年有一节示范课、有一篇论文、带一个徒弟。

第三,为帮助学校处于弱势发展处境的教师,成立弱势教师帮扶小组,聘请校外专家进行一对一业务帮扶,为弱势教师的专业发展搭建脚手架。

五、注重评估,形成基于证据的决策管理机制

在管理上,学校将注重发挥评估的引领、激励、反馈作用,通过培训,逐步提高领导的实证研究能力,形成评估先于行动的管理理念,形成基于数据证据的决策机制。该机制运行过程见图3。

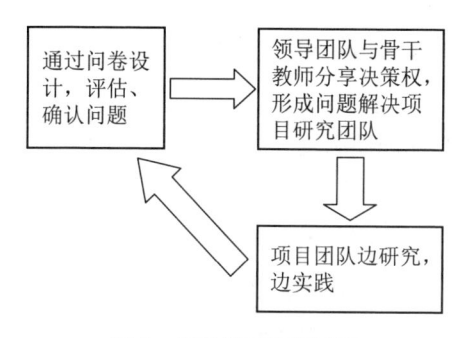

图3 评估机制运行过程

六、以自主能力为核心,建设学校德育特色

1. 研究、明确自主德育的理论

自主德育是基于学生的主体地位,是为了学生主动发展的德育。学校要大力开展自主德育的研究和宣传,通过研究和宣传让全体教师树立自主德育的理念。学校将采用校本研究的方式,重点研究自主德育目标和自主德育内容,5年中基本完成自主德育的实践体系。

2. 围绕"自立、自律、自信、自强"的目标,打造自主德育课堂

以课堂教学改革和班级管理改革为突破口,尊重学生的主体地位和能动性,实现学生学习的自主性和班级管理的自主性。

(1) 推广和实施晨间习读。晨间习读已在我校试行多年,主要目的是让学生真正利用起早上半小时的时间,朗读教材,营造琅琅书声的校园环境,这不仅是校园文化建设的抓手,是巩固质量的有效途径,也有利于培养学生自主管理的能力。

(2) "我的课堂我做主"。实行"三三制"教学改革,突出学生学习的主体性。从学生的实际出发,来设计教学策略和教学过程,建立适合不同学生需要的多层次教学,充分发挥学生学习的主动

性、能动性,让学生自主完成知识建构的过程。

(3)"我的班级我做主"。加强温馨教室的建设,逐步向内涵建设发展,力争塑造温馨、正气、竞争、进取、自觉,具有强烈荣誉感的班级团队。

一是完善班级管理制度。班主任组织学生自主确立班级的目标,组织班级学生按照制定—修改—答辩—再修改—表决—通过—实施的程序,自主制定、修改和完善《班级自主管理细则》《学生一日常规》等班规班纪,激发学生对有关班级制度的认同,为班级的民主、自主管理提供制度支持。

二是开展班级自主活动。班主任带领学生精细准备班级特色活动,如主题班会活动、文体比赛、联欢会、小组智力竞赛、小组常规评比等。将活动开展、评比的主动权交给学生,激发学生对班级事情关注的热情,让学生找到归属感,真正体验到"我以班为荣"的自豪感,增强班级凝聚力,促进学生自主管理能力的提升。

三是总结班级自主管理。在日常活动后,班主任要及时指导学生自我检查和总结。通过自我检查、总结评比,让学生既能看到班级自主管理中取得的成绩,也意识到其中存在的问题。同时要指导学生如何解决相关问题,促使学生自主管理能力不断提高。

3. 具化自主德育理念,建设人文校园

结合吴淞实验学校的历史以及办学理念,充分利用宣传橱窗、电子屏的优势,不断展示学校的各种宣传,同时加强学校隐性文化的创设。以校园文化建设为抓手,建设和丰富学校德育校本课程,重视德育品牌活动建设,为自主德育提供育人环境。

(1)"我的社团我做主"。结合学校发展特色、师资力量以及教育资源,支持学生自组各类社团,如体育类社团、艺术类社团、科技类社团。各类社团要突出自主性,即各社团是由学生主动报名、自愿参加进行组织,尊重学生的兴趣爱好,满足学生的个性需求。

社团活动的组织和开展要充分发挥学生的主动性和特长,让社团成为学生展示自我、发展自我的平台。

(2)"我的节日我做主"。坚持"有节日,就有德育"的理念,一是充分挖掘相关节日蕴含的文化、价值观。每一个节日、纪念日都有着丰富的内涵,其中包含着爱国主义(如国庆节、清明等)、传统美德(如中秋、重阳等)、环境保护(如世界环境日、植树节等)、珍惜生命(如世界无烟日、爱眼日等)、感恩关爱(如妇女节、教师节等)。以贴近学生生活和兼顾学生年龄特点为前提,精选节日内容,赋予节日主题(亲情友情、感恩关爱、爱国进取、明理诚信),通过一系列教育活动,让学生深切感受到中华民族文化的魅力。利用特定的传统节日和重大节日,积极开发其中蕴含的教育资源,组织和指导学生自主活动,自主探究。二是进行校本课程开发,结合学校团队活动、社团活动、班级活动的进行,有效开展各类节日纪念活动,提升学生的自主管理能力。

(3)"我的学校我做主"。建立学生广泛参与学校管理的渠道,让学生参与学校的管理,增强学生的管理意识,培养学生的管理能力。根据实际条件成立各类学生管理委员会,积极引导学生参与校级事务的管理。这些管理委员会由各个年级的学生代表组成,是学生自我管理的组织机构,并在学校和学生之间搭建了沟通的平台。设立"校长信箱",方便学生在校期间反映学校管理方面存在的问题,校长定时收集和整理学生建议和意见,在干部会议上进行研讨,有针对性地解决。设置"校长接待日",定期就学校相关问题与学生面对面交流。

4. 多渠道、多途径,积极探索"生活德育"体系

(1)丰富德育活动,强化德育工作载体。广泛深入开展未成年人道德实践活动,是学校德育工作的重要载体之一。坚持"活动培养人、活动锻炼人、活动陶冶人",在巩固班队活动、思品课等德

育工作主渠道、主阵地的同时,做好"第二课堂"建设,开展丰富多彩的活动,寓教育于活动之中。以少先队、团队建设为主要载体,将校内外德育活动有机整合,开展参观型、服务型、知识型、娱乐型、生存型等不同类型的德育活动,从思想道德、法制安全、心理健康等方面对学生进行全方位的教育,形成"月月有主题,周周有活动,人人受教育"的德育工作格局。明确不同类型活动的目的,突出学生在活动中的自主性、体验性和发展性。

(2) 整合德育资源,拓展德育育人空间。制定和完善学校学生进社区开展活动的有关方案和章程,明确管理措施和管理人员,确保活动顺利开展。利用区教育局组织开展的"四立"德育实践活动,让学校德育走出课本、走出课堂、走出学校。与校外机构合作,充分利用学校周边各类场馆,设立学校德育基地。聘请校外辅导员走进学校,加强法制教育和心理健康教育。构建"课堂—校园—社会"相结合的模式,将课程与德育活动、少先队活动相结合,注重发挥德育课程的体验性、发展性,形成学校特色的校本德育课程与活动体系。

5. 加强投入和管理,保障自主德育有效实施

(1) 加强家长学校建设。科学推进家长学校的工作,厘清"做什么"和"怎么做"这两个核心问题。开发家长学校培训课程,举办多种培训学习班,提高家长的整体素质。科学推进家长学校工作,促使家校有效合作,使学校对学生的相关要求能够在家庭生活中得到落实。能够得到家长的有效监督,并得到有效的反馈,使学校教育与家庭教育成为可靠的同盟军。做好学生的家访工作,"树师风,勤沟通",提高家校互动效果。

(2) 健全学校德育工作管理网络。由校长、分管副校长、德育主任、大队辅导员和班主任组成德育领导小组,实现从校长到最基层的班级,形成垂直的联系,并沟通教导处、总务处之间的横向联

系,使学校德育工作在组织系统方面做到上下左右联系密切,步调一致,信息畅通,提升德育管理效能。

(3)形成以班主任为核心的班级教育团队。强化班级任课教师的德育职责,正确认识任课教师的地位和作用。班主任与任课教师携手共进,充分发挥任课教师的作用,共建和谐班集体。牢固确立教书育人、管理育人、服务育人、环境育人的思想,细化德育管理,发扬"人人都做德育工作者"的优良传统,逐步形成"全员育人、全程育人、全方位育人"的良好德育氛围。

(4)加强学校德育队伍专业素质建设。聘请专家、开设讲座、加大德育课题研究等,多途径提升学校德育各级管理者、班主任和教师的理论素养和德育理念。重视学科与德育相结合,让教师在认真钻研教材、备好课、上好课的基础上,发挥课堂教学德育的主渠道作用,做到教学无痕,润物无声。

七、家校合作,提高学校社区满意度和美誉度

以自主教育为纽带,整合学校、家庭和社区资源,提高育人水平和质量,提高学校的声誉,使学校成为老百姓满意的学校。一是进一步树立合作办学、共同育人的思想。学校领导和教师都要充分认识到培养学生是学校、家庭和社区的共同责任,树立家长是学校管理者、课程资源的意识,充分发挥家长参与学校教育、监督学校教育和支持学校教育的作用,建立学校、家庭和社区三位一体教育环境。二是改进工作方式,放大家委会的职能,完善家委会章程和管理制度,赋予家委会参与学校课程开发、重大教学改革、学校特色建设等多种权利责任,使家委会成为一个学校发展的参谋部、智囊团、信息库和监督部。三是办好家长学校,让家长了解学校的发展规划、办学思想、重大举措等。同时,通过微信、家访等多种方式让家长了解学校、关心学校,知道自己孩子在学校发展情况,从而更好地支持学校教育教学。四是积极引进家长资源,提高学校社团活动品质。通过聘任、志愿等多种方式，让有一技之长的家长参与学校课程开发、特色教学，或者担任学生社团教练、辅导员等，提升学校课程品质，满足学生全面发展需要。

第五部分　保障措施

组织保障。成立学校规划执行与评估领导小组，负责规划实施、调整与评估工作，监督规划的落实。优化学校管理体制，创新运行机制，保障各项工作的顺利推进。不断完善学校的各项规章制度，增强对规划的执行力。

思想保障。组织全体干部、教师学习学校五年发展规划，统一思想，提高认识，更新观念，提振信心，努力实现学校发展目标。

物质保障。加强校园环境改造，改善办学条件，争取各方支持，挖掘内部潜力，加强软硬件投入。

学术保障。引进外部智力资源，成立专家顾问组指导我校工作，为我校发展提供智力支持。

安全保障。强化安全意识，建立具有实效性的安全工作机制，以考核促进落实人防、物防、技防和"一岗双责制"，确保校园平安。

目标落实：

2016年2月—2016年年底，规划的起草与讨论，逐步完成适合我校的五年发展规划。

2017年2月—2017年年底，规划的推开与实施。

2018年2月—2018年年底，初步完成规划中资料的积累。

2019年2月—2019年年底，逐步完成规划中规定的设计。

2020年2月—2020年年底，整理资料，验证规划的成果。

五育并举育新人　自主教育创品牌
——吴淞实验学校发展五年规划（2021—2025年）

习近平总书记在全国教育大会上指出："新时代新形势，改革开放和社会主义现代化建设、促进人的全面发展和社会全面进步对教育和学习提出了新的更高的要求。"告别"十三五"，迎来"十四五"，站在社会主义新时代的新征程上，面对新的使命、新的挑战和新的机遇，我校将坚持五育并举，立德树人，打造学校品牌，促进学校优质发展，特编制本规划。

第一部分　取得的成绩与面临的问题

"十三五"期间，我校在依法、规范办学上又迈上了一个新台阶，学校的办学理念进一步明确，全体教职工的奋斗方向也更加清晰。虽然我们以自主教育品牌建设为指引，各方面工作有序开展，取得了一定的成绩，但也存在尚需进一步解决的问题。

一、教师队伍

过去五年，我校教师团结协作、勤奋踏实，通过多种途径加强师德师风师能教育，建设了一支业务过硬、师德高尚、社会声誉良好的教师队伍。

学校党支部和行政班子，充分利用"三会一课"、中心组学习和教职工政治学习，组织全体党员、教职工认真学习党的"十九大"精神和习近平总书记系列讲话精神，通过加强新教师的培养，开展师徒结对工作；落实教师的各项培训工作，做好教师作业批改、备课笔记的检查;开展教师教学评比活动,强化各年级教学质量分析等措施,不仅保障了我校教育教学的健康发展,也促进了教师教育观念的更新和专业的发展。

目前还存在的主要问题是:(1)教职工的职业倦怠感尚未有效解决,如何提高教职工的职业认同度及职业幸福感仍是学校今后需要重点研究的课题。(2)教师专业发展的校本平台还有待进一步夯实和提高。过去五年学校教师的素养不断提升,团结合作、吃苦耐劳、结构稳定的教师队伍,为推动学校的发展奠定了坚实基础,但在区域内有影响的教师仍没有得到有效产生,制约着学校校本教研活动的开展和质量的提升,也制约着教师的进一步发展。

二、课程建设

课程是实现育人目标的重要载体,特色课程是学校特色发展的关键。学校多样化的特色课程不仅能最大限度地满足学生个性发展和全面发展需求,也能够培养教师课程开发意识与能力、科研意识与能力,提升教师的专业水平。

"十三五"期间,学校特色课程得到进一步发展。我校依托集团办学的优势,充分利用集团内的优质资源,不断夯实学校原有特色校本课程建设,开拓新项目建设。"十三五"期间我校传统特色项目无线电测向和新颖特色项目桥牌,都得到较好发展,师生在相关比赛中硕果累累,还获得上海市无线电教育特色学校、区艺术教育特色项目学校等称号。

此外,"十三五"期间学校在陶艺、美术、生物等方面的特色建设也得到发展,学校拓展型和研究型课程逐步丰富,校本课程不够丰富的状况逐步得到改善。

整体上看,学校课程建设还需要从以下三方面进一步加强:(1)进一步整合优质教育资源,为学校校本课程建设拓展空间、牢固根基。目前学校在科技、艺术等特色课程方面加强了与吴淞中学教育集团、校外相关机构的联系,但紧密性还有待提升。学校教师对课程资源的开发和利用多局限在学校内部,向社会等方面扩展等没有得到明显改善,教师的课程资源意识、课程领导力还有待强化。(2)学校劳动教育目前尚处于起步阶段,根据新时代劳动教育的要求,要把劳动教育纳入人才培养全过程,学校需要做好劳动教育课程的设计与实践。(3)根据新时代构建德智体美劳全面培养、形成更高水平的人才培养体系的要求,学校需要对已开发的若干校本课程进行整合和重新梳理,突出培养时代对学生核心素养培养的要求,并彰显学校自主教育的育人特色。

三、教育教学

"十三五"期间,学校推进分层教学实践,不仅促进了优秀学生的发展,也巩固了所有学生的基础,提升了学校教育教学质量。课堂教学逐步转型,以学为本的教学理念逐步在课堂落实,学生的知识与能力水平都得到提升。学校结合区新优质学校建设,大力推行优质化作业设计研究,在专家团队的指导下,形成了校本优质化作业《吴淞实验学校化学校本作业集》,化学学科质量得到明显提升,整体提升了我校的教学质量,得到区教育学院的高度评价,赢得社会好评。

存在的问题主要有:(1)新优质项目初见成效,特别是化学学科质量得到明显提升,但有些学科教师年龄偏大,观念相对保守,缺乏进取动力,项目的进一步推广存在一定的困难,需在"十四五"期间通过专家引领,提炼精化,逐步向其他学科辐射。(2)学校虽然制定和完善了教研方面的管理制度,但"十三五"期间学校在骨干教师、区域名师培育方面成效不大,导致校本研究水平的提升受到制约,"教研活动的主题化、教研路径多样化、研究成果课程化"的综合教研机制尚未真正有效运行。(3)教师的科研意识有待进一步强化。科研是教师专业发展的重要手段,科研兴校、科研强校是很多名校发展的重要经验。"十三五"期间,虽然学校大力推进课堂教学改革,促教师观念转型和技能发展,但整体来看,学校教师由于职业倦怠感的存在,制约着教师专业发展的动力和科研意识的提升,导致学校在过去五年科研工作和区域内有一定影响的教师的培养没有取得根本性突破,制约了学校的纵深发展。

四、学校德育

德育工作是学校工作的重点,也是难点。"十三五"期间,学校全面贯彻党的教育方针,从学生实际出发,积极探索新形势下德育工作的新思路、新方法,三位一体德育体系初显成效,学生开阔了眼界,陶冶了情操,提振了爱国热情。

存在的问题主要有:(1)德育品牌建设需要进一步加强。尽管"十三五"期间学校加大了德育工作力度,但由于学校教师科研意识不强,缺乏品牌意识、问题意识和研究意识,在德育"一校一品"建设方面缺乏建树,学校德育工作在区内缺乏影响力的状况未能得到根本改善。(2)受学校"十三五"期间教师培育缓慢的影响,学校德育队伍存在科研意识和能力不强的问题,德育创新能力还有待提升。

第二部分 发展思路

一、办学理念

1. 教育理念

学校与家庭精诚合作,充分发挥环境、课堂、活动、管理等育人价值,着重培养学生的自主意识和能力,促进学生健康、和谐发展。

2. 办学口号:交给我希望,还给你满意

珍视家长的期望和托福,面向全体学生,认真、负责、有效地开展教育教学,努力把学生培养成为品行优良、学业有成、健康活力的有用人才。

3. 学校校训:勤奋、进取、负责、和谐

勤奋:教师勤教,学生勤学。

进取:教师创新,学生上进。

负责:教师对自己所从事的职业负责;学生对自己的学业负责。

和谐:教师之间、师生之间、教师与学生家长之间、学生与学生之间关系的和谐。

4. 学校校风:风正、尚礼、有序

风正:学校风气严正。

尚礼:崇尚礼仪,和谐温馨。

有序:教育教学井然有序,学校管理井然有序。

5. 学校教风:勤奋、合作、有效

勤奋:天道酬勤,勤能补拙,强化责任意识,全身心地研究教育教学,体现崇高的教师师德。

合作:深化学校教研组、备课组建设,深化班主任及任课教师的工作研讨,促进教学质量的整体提高。

有效:讲究科学、寻求策略、提高效率,体现教师的专业水平。

6. 学校学风:刻苦、自信、有悟

刻苦:学生学习刻苦。明确在学习的道路上没有捷径可走,刻苦是唯一的出路。

自信:教师与学生对自己与学校有信心。

有悟:会学习的前提就是会领悟,被动的学习永远没有出路。

二、指导思想

1. 发展思路

牢固树立依法治校和民主管理的思想,全面贯彻《中共中央国务院关于全面加强新时代大中小学劳动教育的意见》《深化新时代教育评价改革总体方案》《大中小学劳动教育指导纲要(试行)》

《中共上海市委、上海市人民政府关于全面加强新时代大中小学劳动教育的实施意见》等重要文件,以实施素质教育、全面提高育人质量为目标,围绕学习型学校建设,激发教师工作热情和创造性,完善学校自主教育课程,加强教育科研和教学改革力度,重构学校文化,走可持续发展之路。

2. 工作原则

(1) 整体性原则。把学校工作作为一个整体,把九年义务教育作为一个整体,把师生的成长过程作为一个整体,思考落实学校教育工作,科学促进全体师生的全面、和谐、可持续发展。

(2) 连续性原则。保持学校工作的连续性,坚持九年义务教育一贯制,促进学校工作的持续发展。

(3) 科学性原则。尊重教育规律,遵循并不断探索教育规律,深入思考、筹划和实施学校教育工作,推动学校事业健康持续发展。

(4) 协同性原则。学校各部门、各学段之间,学校与上级部门、平级单位、涉教单位之间加强沟通与协调,做到心往一处想,劲往一处使。

(5) 发展性原则。立足当前,着眼未来,以师生的发展为本。使学校一切工作为师生的发展服务,为学生的人生奠基。

第三部分　发展目标

"教育是国之大计、党之大计",是新时代党和国家关于教育地位和作用的新论断。"十四五"期间将进一步凸显教育对实现中华民族伟大复兴的决定性意义,突出人才培养的新标准、新要求,强化德智体美劳全面发展的社会主义建设者和接班人的培养。面对新时代的新要求,我校要以自信的心态、饱满的精神状态主动迎接"十四五"国家教育改革的新精神,积极应对"十四五"国家教育改革的新走向,主动有为,强化立德树人根本任务的落实,强化学生核心素养的培育,提升学生创新意识与能力。结合集团化办学的资源优势,进一步夯实学校科技、桥牌等特色项目,进一步强化"自主教育"品牌建设,深化学习型学校文化建设,力争到2025年将学校打造成在区内特色鲜明,具有一定影响力、辐射力和引领力,教育教学质量一流的九年一贯制特色学校。

——进一步树立品牌建设意识。强化特色强校,品牌立校,继续夯实和完善"自主教育"品牌建设,强化"创建学习型学校,打造自主教育品牌"对学校价值观和与发展愿景的引领作用。

——进一步凝集自主教育培养目标。坚持自主教育品牌建设,培育学生的自主发展意识、自主学习能力和管理能力,结合新时代教育要让学生坚定理想信念、厚植爱国主义情怀、加强品德修养、增长知识见识、培养奋斗精神、增强综合素质等方面的要求,进一步凝集自主教育培养目标,使其能体现学校的发展特色和发展愿景,也符合新时代教育的发展理念。

——进一步完善学校课程体系。拓展和整合校内外、集团内外的优质资源,以自主教育理念为引领,强化劳动教育课程开发及学校科技与桥牌特色校本课程建设,加强学校美育、体育教学,以广义德育为视角建立纵向一贯、横向拓展、内外结合,体现养成教育、生活教育,阶段性、连续性统一的学校自主大德育课程体系,实现"五育并举,融合发展"。

——进一步激发教师自主发展的内部动力。为不同发展阶段的教师搭建不同的平台,鼓励教师开展科研,积极发挥学校成熟教师教学经验的引领作用,依靠集团或区教育学院教研员做好校本研修。满足发展不同阶段教师专业发展的个性化需求,促进教师主动发展、自主发展,培育"四有"好教师,满足、带动学校"自主教育"品牌建设的发展。

——进一步探索基于学科核心素养的课堂教学模式。强化校本研修,探索自主教育教学模式,实现各个学段以及备课、上课、批改、辅导、考试、评价等各个环节的整体优化,落实学科核心素养的培育,提升学生创新意识和能力。

第四部分　重点建设工程

一、学习型学校建设工程

建设学习型学校是一项系统工程,必须贯穿于整个学校的管理过程。建设学习型学校要以教师的发展为本,要最大限度地重视人力资源的管理,把教师的职业生涯管理置于以终身教育为标志的学习型社会的背景之下。

1. 以共同愿景助推学校内涵发展

学校的发展愿景是:创建学习型学校,打造"自主教育"品牌。办学不是短期行为,不可急功近利、急于求成,而是要高瞻远瞩,既要兼顾眼前利益,更要考虑学校的长远发展。

学习型学校的创建,要牢固树立学校和教师共同发展的观念。教师的发展水平是衡量学校办学水平的重要标志,也是决定学校发展水平的重要因素。在学习型学校创建过程中,要转变学校管理理念与方法,从人文关怀出发,增强教师的自我意识,激发教师寻求工作内在的价值,激发教师自我发展的动机与活力,让自主发展成为每个教师自觉的意识和行动,使学生发展、教师发展和学校发展最优化结合。

2. 以自主教育实现学校育人目标

党的"十九大"报告提出"加快建设创新型国家"。创新型人才的培育是实现民族复兴的根本。在信息化时代,自主学习是创新型人才培养的基石。我们要结合学校办学理念,以学生自主学习能力和意识的培养为抓手,以学生核心素养的培育为关键,以学生的自主发展意识和自主发展能力为重点,进一步凝集学校自主教育的育人目标和内涵,凸显学校育人特色,并指引学校各项工作的开展。

二、学习共同体建设工程

学习共同体建设是创建学习型学校的重要内容。提升教师和学生的学习力,是学习型组织的根基,是支撑学校竞争力的核心,也是学习型社会中人的基本素质,要通过学习共同体建设,着力解决我校教师专业倦怠的问题,提升教师自主学习能力和意识,激发教师专业发展的内在动力。

1. 群体学习和实践应用相结合,创生教师智慧

以共同体的方式推进教师学习,让学校内的学习成为教师工作的一部分。要加强学习中的专家指导和引领,完成从单一的业务培训向进一步更新观念、不断提升学习能力和吸收新知识转变,催生教师的实践智慧。做好校本研修,促使教师在实践中与时俱进地提高教育研究能力。

2. 共同学习与知识分享相结合,实现智慧共享

通过学习共同体,在做好校本研修的基础上实践跨学科研修,实现不同观点、不同视角之间的互相碰撞、质疑和争辩,分享新见解,提高综合素质。强化学校不同学科教师之间的交流、分享,以适应课程教材改革不断深入以及"研究性学习"带来学科间相互渗透、交叉互动日益明显的局面,让每一位教师既能催生自己的教育智慧,也能共享其他教师的智慧,促使学习共同体迈向智慧共同体,真正将学校建设成学习型学校。

三、自主教育课程体系建设工程

特色课程是学校特色发展的核心,也是学校个性化育人目标实现的根基。"十三五"期间,学校围绕自主教育进行了实践与研究,但取得的成果、积累的经验还有待丰富。"十四五"期间要结合

学校自主教育课程体系建设,积极探索国家课程校本化实施和学校教育特色化育人实践,深化育人关键环节和重点领域改革。

1. 明确各年级自主教育的分层目标

结合《中国学生发展核心素养总体框架》和学校的办学理念,在学校自主育人目标的基础上细化成各年级的具体目标,在开展自主教育中分年级确立活动目标、活动主题,实现学校自主教育的实施各有侧重,各有针对性,且符合学生身心发展特点和兴趣特征。

2. 申报自主教育区级研究课题

围绕自主教育课程建设,引领教师参与实践研究。加强与区教育学院及其他机构的合作,依托专家指导,申报自主教育区级课题,强化研究过程,带动教师的发展,为学校自主教育特色品牌建设丰富内涵。

3. 初步构建学校自主教育课程群

自主教育的开展既要通过专题活动,也要渗透到其他教育活动和学科教学中。依托课题研究能促进学生自主发展的学校课程,力争在"十四五"期间,学校初步建设出包括学科课程、各类学科拓展课、社会实践、专题教育、社团活动等组成的自主教育课程群,以及制定相关的评价标准、评价手册,形成学校自身的特色课程体系。

四、5E 自主教学建设工程

5E 即参与(Engage)、探索(Explore)、解释(Explain)、阐述(Elaborate)、评估(Evaluate)。5E 模型清晰地表明了学校在教学上追求的价值观与行为。"十四五"期间,继续加强 5E 自主教学课堂实践,实现课堂转型,让自主教育的内涵真正落实在课堂教学中。

1. 加强各学科教研组建设

充分发挥教研在提升学校课堂教学改革中的作用,重视学校各学科教研组建设,统一认识,使追求 5E 自主课堂教学成为全体教师共同的教学追求。开展校内优秀教研组评审,充分发挥教研组在校本研究中的组织和引领作用,提高教研的针对性和有效性,促进课程建设和教学活动高效开展。

2. 提升校本研修质量

构建专家—教师研究共同体,提升教师教学研究能力。加强学校与区教育学院及其他教育机构的联系。在专家指导的教学研究中提升教师的教学研究能力,领会5E课堂教学的内涵和特点。特别是要引导教师深入理解学科特点、知识结构、思想方法,促进信息技术与教育教学融合应用。科学把握学生认知规律,突出学生主体地位,注重保护学生好奇心、想象力、求知欲,关注学生学科核心素养培育。

3. 加大紧缺薄弱学科教师培养力度

强化教师教学基本功训练,提高教师育德、课堂教学、作业与考试命题设计、实验操作等能力。了解及初步尝试实践区"六步一单""问题化学习""三三制"等教改项目,为教师发展和5E课堂教学搭建更多的平台。

4. 做好学校新的优质项目

开展语文阅读探究,通过阅读开拓学生的思维,提升学生的阅读能力、思维能力、写作能力和鉴赏能力,提高语文学科教育质量,以新的优质项目带动学校新一轮的发展。

五、教师自主发展建设工程

教师的发展是学校发展的根本,打造一支德业双优的教师队伍是学校高质量、特色化发展的保障。以"四有教师"建设为方向,夯实学校高品质人才建设,激发教师自主发展的内在动力。

1. 以自主意识与能力的发展为重点,打造品质教师

以自主教育品牌建设为目标,突出教师自主发展意识与能力。以提升教师的研究品质和学习品质入手,培育教师指导学生自主

发展的能力,促进学生能自主学习、自主管理;继续打造"爱研究、会教学、善创新、能自主"自主发展型教师队伍。以教师的实践为根基,以教师间、教师团队间的对话分享为核心,以专家引领的课例研修为载体,以小组合作为研修的组织形式,以学校发展需要、教师需要为研修内容选择的准则,以打造专业发展共同体为旨归,将课程建设、课题研究、课堂教学三者联动起来,构建学校研训一体的校本化师培制度,打造"品质教师",提升学校5E自主课堂教学效益。

2. 以发展阶段为基准,加强老中青教师队伍培育的针对性

处于不同发展阶段的教师有着不同的发展目标和培训需求。针对不同教师的不同发展阶段,提升培训的针对性,满足不同教师的实际需求,激发教师自主发展的动力。

(1) 催化中老年教师主动转变。任务驱动,完善考核制度,发挥中老教师在教研组内的参与、指导作用,帮助他们克服职业倦怠,突破自我,实现专业的再成长。充分发挥他们教学经验与教育智慧丰富的优势,给他们创造展示自我、感受成功、学习交流的舞台,让他们充分感受到成功感,挖掘他们在学科教学中的潜力,激发他们的内驱力。

(2) 发挥骨干教师的引领作用。通过搭建平台,聚焦课堂教学,开设专场教学研讨等机制,充分发挥各级骨干教师在敬业、乐业、专业等方面的示范引领作用,同时为骨干教师积极创造更高层次的学习培训机会,激发他们自主发展的动力。校级以上(不含校级,以下类同)骨干教师每人有一个发展规划、有一个研究课题,每学期有一节示范课,每学年有一篇论文、带一个徒弟。

(3) 加快青年教师的成长。以师德教育为抓手,培养青年教师的职业精神,帮助青年教师强化基础,提高素养。做好青年教师的"亮相课、过关课、汇报课"展示活动,逐步形成以课堂为主阵地、

以"问题—目标—措施—实践—反思"为基本流程的青年教师培养模式,为他们的自主发展奠定基础。要求每位青年教师在带教教师的指导下,每年完成一堂公开汇报课、一篇论文(或心得)、一个优质教育案例,尽快了解教学规律,缩短成长期。

3. 研究与学习相结合,搭建多样化教师自主发展平台

(1)完善和有效落实校本知识生产和分享机制。建立校本知识生产、储存与分享机制,强化教师的合作与分享,实现信息的流动。具体措施如下:

① 建立骨干教师校内工作室。以校级以上骨干办公室为基础,组建学校学科骨干教师校内工作室,以项目研究的方式,促进骨干教师与其他教师之间的交流、分享、合作,发挥骨干教师的辐射与引领作用。

② 建立骨干教师教学、育人论坛。以教研活动为主阵地,每月进行一次骨干教师论坛,分享骨干教师的成功教育教学经验。

③ 开办教师成长沙龙。每月若干次,主题围绕着学校自主教育以及学习型学校建设展开。

④ 建立专家与教师教研联合室。聘请校外学科专家定期带领教师进行自主教学品牌的主题式教学研究,增加教师与校外专家的对话、交流、合作机会。

(2)强化以听课、评课、研课为核心的校本研究制度

强化落实学校年级组组长、教研组组长、中层领导、校级领导听评课制度,深入了解教学一线情况(包括班级、学生的具体情况),并与授课教师及时进行交流与指导。

职初教师(入职5年以内)每人每学期上一节亮相课,由学科教研组负责组织实施,了解其对课堂教学理念的认识与实践情况,寻找问题,提出改进措施,夯实"问题—目标—措施—实践—反思"的青年教师培养模式。

(3) 举办年度教学比赛活动

一是开展各级公开课、研讨课。每学年由各学科教研组内组织开设各级公开课、研讨课。校级公开课按要求相关教师参加听课与分组讨论和评课。教研组内公开课,教研组内人员全员参加,教研组组长负责考勤考核,其余学科教师自行选择。研讨课为有明确教研目的的教研课,由授课教师自选课题,并主持教研活动。每学期全校5%的教师要开设研讨课。

二是跨学科评优课听课。各学科先在教研组内进行评比、推荐,推选出一名教师参加跨学科评优比赛,目的是让大家更为关注学科本体知识之上的条件性知识(心理学、教学原理、自主教育原理)。对于入围的课,发挥教研组、备课组的集体智慧,通过备课、说课、上课等活动,以点带面,不断培养优秀教师脱颖而出,同时在学科对抗中,提高学科教研组的凝聚力与合作意识。

三是由校内各级骨干教师、中老教师和学校行政组成工作小组,在开展各级公开课、研讨课听课和跨学科评优课听课的基础上,对各参赛教师进行评估,评选结果作为年终评优以及校内教坛新秀、教学能手、骨干教师、学科带头人评选的储备,并作为推荐区级新秀、区级教学能手和区骨干教师的重要依据。

(4) 提升教师研究意识与能力

重点是继续做好"七个一",即每组平均每两周开展一次教学课例的研究活动;每组至少有一个学科研究课题在运作(区级骨干的必备条件之一);每位教师每学年至少主持一次组内教学研究;结合自己的研究专题,每学年写一篇论文或教育教学感悟;结合自己的学习需求,每学期精读一本教育教学专著,并结合专著内容给同事开一次讲座;结合自己的研究主题,每学期上一节专题研究课;结合自己的学科特点,每学期做好一份特殊学生的成长跟踪记录。

六、自主德育工程建设

以学校自主教育理念为引领，以大德育为视野，明晰对"培养什么人""怎样培养人""为谁培养人"等问题的理解，构建学校自主大德育体系，打造"五育并举，融合发展"育人体系和德育品牌。

1. 加强学校道德与法制、思想品德课教学的研究

贯彻《关于深化新时代学校思想政治理论课改革创新的若干意见》相关内容，落实立德树人根本任务，明确学校一至九年级各学段课程目标，加强道德与法制、思政课主题活动与教研活动的开展，着力在坚定理想信念、厚植爱国主义情怀、加强品德修养、增长知识见识、培养奋斗精神、增强综合素质等方面下功夫。

2. 推进新时代劳动教育

以《中共中央、国务院关于全面加强新时代大中小学劳动教育的意见》《深化新时代教育评价改革总体方案》《大中小学劳动教育指导纲要（试行）》《中共上海市委、上海市人民政府关于全面加强新时代大中小学劳动教育的实施意见》等重要文件为指导，积极参与区"行知行"劳动教育项目建设，落实劳技课程，贯彻学校自主教育理念，带动"生活德育"体系的完善，形成校本劳动教育课程体系和品牌。

3. 加强学生的美育和体育

落实《中共中央办公厅国务院办公厅关于全面加强和改进新时代学校美育工作的意见》精神，严格落实音乐、美术、书法等课程，广泛开展校园艺术活动，帮助每位学生学会1至2项艺术技能。引导学生了解世界优秀艺术，增强文化理解。鼓励学校组建特色艺术团队，办好中小学生艺术展演，推进中华优秀传统文化传承。科学安排体育课运动负荷，开展好学校特色体育项目，让每位学生掌握1至2项运动技能。广泛开展校园普及性体育运动，定期举办学生运动会或体育节。

4. 继续做好自主德育活动建设

"十三五"期间,学校以自主能力为核心,广泛开展了自主德育、生活德育建设,推广和实施晨间习读,目前晨读已经成为我校靓丽的风景线。以5E自主课堂建设促"我的课堂我做主"建设,带动课堂教学改革,转变了学生的学习方式,并建立了适合不同层次学生需要的多层次教学,这些为"十四五"期间相关工作的推进奠定了良好的基础。

5. 继续推动人文校园建设

"十三五"期间,学校不断强化校园文化建设,不断丰富学校德育校本课程,不断加强德育品牌建设,为自主德育创造了良好的文化育人环境。"十四五"期间,结合学校特色发展,将进一步加大学生社团建设,为全体学生提供更多优质的个性化教育,为学生的自我展示、自我发展搭建更多的平台。结合新时代立德树人根本任务、新时代劳动教育,以及新时代厚植爱国主义情感等方面的要求,继续做好"我的节日我做主",让学生在自主活动、自主探究、自主管理中感受新时代的新成就。

七、家校合作建设工程

"家庭是人生的第一所学校,家长是孩子的第一任老师,要给孩子讲好'人生第一课',帮助扣好人生第一粒扣子。"学生在成长过程中,离不开学校与家庭的支持,要整合家庭教育和学校教育,实现家校合作共育,为学生的自主学习能力、自主管理能力等方面的发展创造良好的成长环境。

1. 进一步办好家长学校,更新家长的教育观

党的十九届四中全会提出:"注重发挥家庭家教家风在基层社会治理中的重要作用。"以新时代国家对家庭教育的要求为指引,办好家长学校,加强家长学习,强化家长注重家庭、注重家教、注重家风的意识,充分发挥家庭教育涵养道德、厚植文化、润泽心灵的

德治作用,力争"十四五"期间学校家庭教育有新突破、新成效。

2.进一步强化家校合作,形成自主教育育人合力

进一步加强家校合作,以劳动教育、家庭教育等为纽带,让家长明确重视劳动教育是新时代的家庭教育观。研制和完善学校家庭教育指导手册,强化学校和家庭之间的联系与沟通,使学校自主教育的理念能在家庭教育中生根成长,使家庭成为培养学生自主学习能力、自主管理的重要阵地。继续发挥家委会的作用,让家委会成为沟通学校和家长的重要桥梁,成为学校发展重要的参谋部、智囊团、信息库和监督部。

3.进一步利用家长资源,促学校特色品牌建设

家长是重要的课程资源,要进一步梳理和利用好家长中的优质资源。结合学校科技特色、艺术特色建设和学生社团建设,积极引进优质家长资源,为学校的特色品牌建设助力,满足学生全面发展、个性发展的需要。

第五部分 保障措施

组织保障:成立学校规划执行与评估领导小组,负责规划实施、调整与评估工作,监督规划的落实。优化学校管理体制,创新运行机制,保障各项工作的顺利推进。不断完善学校的各项规章制度,增强对规划的执行力。

思想保障:组织全体干部、教师学习学校五年发展规划,统一思想,提高认识,更新观念,提振信心,努力实现学校发展目标。

物质保障:加强校园环境改造,改善办学条件,争取各方支持,挖掘内部潜力,加强软硬件投入。

学术保障:引进外部智力资源,成立专家顾问组指导我校工作,为我校发展提供智力支持。

安全保障:强化安全意识,建立具有实效性的安全工作机制,

以考核促进落实人防、物防、技防和"一岗双责制",确保校园平安。

加强党建:健全保持共产党员先进性教育长效机制,做好党员队伍建设工作,充分发挥党员在工作中的先锋模范作用,使全体党员做学习的模范、改革的模范、创新的模范、奉献的模范、勤政的模范,成为学校发展的中坚力量。

目标落实:明确目标,责任到人,加强反馈,及时总结经验和查找问题,加强专家指导,有针对性地给出解决建议和方案,推动相关任务按时、高效完成。

时间安排:

2021年2—6月,完成方案的讨论、修改,并交由教代会审议通过,明晰各部门、各位教师的职责和任务。各部门各教师根据发展规划制订行动方案和具体工作计划。

2021年9月—2022年6月、2022年9月—2023年6月、2023年9月—2024年6月、2024年9月—2025年6月,结合各部门各教师的任务,开展阶段性学年度总结与反思,通过头脑风暴共享智慧,共析问题,积累材料。借助专家力量,形成解决方案,为下一阶段提供前进方向。

2025年9—12月,整理资料,总结规划实施成果与成效。

新农村中学生自主管理下的晨间习读的实践形态研究

一、研究背景

古人说得好:"书读百遍,其义自见。""读"对于教学的作用可见一斑。而俗话说:"一年之计在于春,一日之计在于晨。"早晨又是一天之中最佳的学习时间,这个时候大脑的记忆力也特别强,这是学生及时复习旧知、预先介入新课的宝贵时机。

然而通过几次调查发现,在全班的大声齐读中,学生容易"跟着感觉走",注意力不集中,更有学生怀着"滥竽充数"的心理,使朗读流于形式。晨间习读效率的高低直接影响到课堂教学的效果。正是基于学生晨间习读目标不明确、要求不明确、效果不明显等无序管理问题,我们把提高晨间习读的有效性作为研究课题,试图根据我校学生的特点,通过对晨间习读的内容安排、组织形式、课堂控制、效果反馈等方面有效管理的研究,切实提高晨间习读的效率,使学生尽可能扩大阅读量,增加语言积累,发展语感,提高综合素养,并且为晨间习读的有效组织管理摸索切实可行、效果明显的方式方法。

晨间习读是学习的一个重要阵地,是课堂必不可少的延续与补充。如何使晨间习读具有有效性,使课堂充满生气,使学生乐于朗读,是此课题研究的重点。

自从搬入新校舍,我校现在地处几个居民区的中心地带,现在一个班里的学生90%以上为独生子女,在家没有同龄人可以交流,因此渴望和同学交流。再加上现在每天的学习任务紧张,他们每天就很早来到学校,希望利用这段时间多和同学交流。因此这段时间是学生最活跃的时间,为了不把这么好的时间浪费,学校进行了利用晨间习读培养学生自主管理能力的研究。

二、关键词的界定

【习读】

习读就是学习诵读。"书读百遍,其义自见"也有习读的意思。

本课题所指的晨间习读不同于传统意义上的阅读或朗读,"习读"除了含有朗读的含义之外,还有学习的含义在里面,因此,我校的晨间习读和传统的晨间习读是不一样的,我们把传统意义上的晨间习读赋予了新的内容。我校的晨间习读包括朗读、默读、默写、散读和学生之间相互质疑等,通过教师的指导慢慢向学生的自主管理过渡,把晨间习读作为一个载体,其最终目的是培养我校学生的自学能力和自主管理能力。

【自主管理】

学生自主管理不仅是学生管理班级、学生管理学生,更重要的是学生自己管理自己的能力,我们这个课题的重要意义也在于此。学生自主管理,就是让学生真正成为班级的主人,实现自我管理。本课题所指的自主管理是指学生在教师的指导下,慢慢从参与者到管理者转变,从而提高自己的学习能力。

实施学生自主管理晨间习读,并非是任学生自由发展,教师的引导作用不可忽视,也就是说,教师的监控要与学生的自主管理和谐统一。

【实践形态】

所谓实践形态即本课题以实践为主,在实践的过程中培养学生的自主学习能力。

三、课题研究的目标

首先,通过实验及个案的研究,探索晨间习读模式对中学生自主管理能力的培养所起到的促进作用。

其次,通过晨间习读的组织形式的研究,形成晨间习读的方法体系。

第三,通过研究,构建中学生自主管理能力发展的评价反馈机制。

四、课题研究的主要内容

一是晨间习读的现状调查与分析。

二是晨间习读组织形式及内容的研究。

三是晨间习读的反馈与评价研究。

五、课题研究的方法

1. 文献法

先就自主管理、晨间习读等做好文献研究,以便形成相对坚实的理论基础,使研究建立在科学的基础上。同时在研究过程中也做好文献的及时了解工作。

2. 调查法

就我校的课前现状做问卷调查,以便了解学生及教师到校后的情况。

3. 行动研究法

本课题主要采用行动研究法,对于本课题所涉及的研究内容,通过专家引领、实践反思、案例分析、班级评比等方式进行,充分关注教师行为、关注学生发展。

4. 案例研究法

对于学生自主管理的研究,主要通过教师和学生的案例进行。同时,验证教师通过晨间习读的实践促进和培养学生的自主管理能力的有效性,并以此获得研究数据与结论。

六、课题研究的时间安排

第一阶段:课题研究筹备阶段(文献研究与形成研究方案),时间为 2010 年 1—3 月。

(1) 全体教师集中进行培训及读书活动,通过读书活动让全体教师明确科研的重要性,同时也更了解本课题的意义。

(2) 成立课题组,由校长统领,教研组长负责,落实到个人。班主任负责培养学生自主管理能力,任课老师负责习读的内容及方法研究,初步形成课题方案。邀请区科研室的专家来我校指导,使研究步骤具体化,形成了项目推进表。对参与课题研究的所有教师开展第一轮的项目培训,明确理论基础、研究目标和内容,反馈培训信息,开展课题操作前的研讨,为第一轮课题实践做准备。

(3) 进行学生及教师课前现状调查及分析。

(4) 在以上基础上制定研究方案,并申报区级重点课题。

第二阶段:课题实施初步阶段(具体实施阶段),时间为 2010 年 4 月—2011 年 6 月。

(1) 借鉴前阶段学习和调查的结果,确定基本的研究思路,由任课老师根据不同年级、不同班级拟订阶段晨间习读计划,开展晨间习读,并在实施过程中不断改进,让学生自主管理理念渗透到每一个学生的学习中去,为每一个学生提供广阔的实践领域。

(2) 教师在晨间习读的过程中时刻记录下学生成长的点点滴滴,并且在过程中给予学生适当指导。

(3) 制订晨间习读计划。

(4) 实施刘行新华实验学校学生自主学习和发展计划,制定刘行新华实验学校"学生自主学习与发展计划"实施要求与考核方案。

第三阶段:课题实施中期阶段(优化过程,方案再完善),时间为 2011 年 9 月—2012 年 6 月。

(1) 运用案例研究法,在前一阶段实践的基础上,探究自主管理的有效机制,撰写中期报告。

(2) 运用问卷法了解学生的现状,以及学生对于晨间习读的看法。

（3）定期开展讲座，及时给予学生关于习读的方法及内容的帮助，形成阶段性成果。

第四阶段：课题总结阶段（课题结题和总结），时间为2012年9月—12月。

（1）整理课题研究与实践的课例、案例等资料。

（2）撰写研究报告。

七、课题研究的过程

（一）关于我校原有的晨间习读存在的问题和对策研究

从2007年9月至2008年5月，每天早上7点左右，陈龙校长对学生进入班级后在干些什么，进行了观察与调查。

经过调查发现有如下现象：

7点30分早自修之前，有的学生在教室里进进出出，有的学生在打扫卫生，有的学生在交作业，有的学生聚集在一起大声说笑，有的学生在下棋，有的学生在教室跑来跑去，有的学生在教室里抄作业，整个教室乱七八糟，杂乱无章，丝毫没有一点学习氛围。从整个学校的层面上看去，班级好像处于一种"无政府"的状态之中。

2007年11至12月间，学校多次召开校务行政会议，陈龙校长把观察到的情况跟大家作了叙述，就这些现象及其产生的原因和大家一起作了思考与分析。这段时间是学生学习最宝贵的时间，古人云："一日之计在于晨。"为了不让学生把这么好的时间浪费，学校的正确引导就尤为重要。

在课题实施之前，学校对学生来校后的活动进行了一系列调查，分别要求学生在问卷调查表中进行回答。

如：每天到校之后还没有上课的这段时间你在做什么？（A. 读书　B. 复习，预习　C. 做作业　D. 无所事事　E. 其他）46%的学生到校后无所事事，甚至还有极少部分同学到校后是在做前面一天的回家作业。通过访谈我们得知,这部分学生认为反正这段时间也没有事情可做,还不如做作业。

又如:你希望的晨间习读课是什么形式?这个问题是开放性的,让学生畅所欲言。通过问卷调查的分析,我们了解到学校晨间习读课存在的问题主要集中在:晨间习读课的内容单一枯燥;朗读方式以齐读为主,学生的阅读习惯没有得到尊重;晨间习读以读为主,而没有听、说、写等方式的参与。

我们还对问卷调查的内容进行仔细的统计。结果发现,在176份问卷调查表中,有100份是赞成晨间习读课的,占问卷调查人数的56.81%;有31份对晨间习读课的态度是随便,占问卷调查人数的17.61%;45份对晨间习读课的态度是不愿意的,占问卷调查人数的25.56%。我们由此断定,整个年级乃至整个学校的学生对晨间习读课还存在着这样那样的认知问题。其原因是什么呢?我们还对学生的晨间习读课的关键意向进行摸底调查,以下是一个班级的问卷结果(见表1):

表1 晨间习读课关键意向问卷调查表

	预备年级	初一年级	初二年级	初三年级
晨间习读课缺席吗?	不缺席(34)	不缺席(47)	不缺席(41)	不缺席(12)
你希望班主任在场吗?	希望在场(38)	希望在场(31)	希望在场(25)	希望在场(24)
最希望的晨间习读内容是什么?	语文(25) 英语(13)	语文(22) 英语(16)	语文(16) 英语(16)	语文(18) 英语(8)
是朗读好还是默读好?	朗读(41)	朗读(38)	朗读(26)	朗读(15)
晨间习读课纪律有保证吗?	有保证(45)	有保证(38)	有保证(41)	有保证(26)

从上述摸底调查情况来看，学生对晨间习读课的具体内容有一些想法，从中也说明学校在组织晨间习读课时存在一定的问题。在调查中发现，晨间习读课主要是在语文和英语上的问题比较多。比如，语文晨间习读课，教学大纲不要求背诵的课文，也要学生反复读，学生感觉没意思，即使要背诵的课文反复读也没意思；有的学生不喜欢齐读的朗读方式，更喜欢自己一个人默读；还有的学生不喜欢英语单词的晨间习读。

我们还向全校16位班主任老师作了问卷调查和学生的访谈，进一步验证我们的晨间习读课的确存在问题。在访谈中，这些存在的问题与我们问卷调查得到的结果是相吻合的，证明了我们对晨间习读课存在的问题的分析是正确的。另外我们还了解到，有些学生对晨间习读课上班干部或老师的"专制"管理方式很反感，这也是他们不喜欢晨间习读课的原因之一。

学校行政校务会议上，大家根据问卷调查得到的情况，提出对学校的晨间习读课存在的问题应该进行调整和改进。这一问题就摆到了探索与研究的日程上来。

在研讨的基础上，陈龙校长认为许多好经验和方法的确值得学习，但是，不一定符合刘行中学的实际情况，刘行中学有刘行中学的实际情况。我们要把其他学校好的晨间习读课的经验与我们刘行中学的实际情况结合起来，制定切合我们学校特有的晨间习读课的制度来。说到底，就是要改变刘行中学薄弱学科的教学质量，主要是语文和英语这两门学科，通过晨间习读课，加强刘行中学的校风、班风、学风的建设。学校领导经过多次研讨与思考，得出以下共识：

一是明确晨间习读任务。晨间习读最主要的任务当然是朗读与背诵，那么读什么、背什么、完成多少朗读的量，任课教师应该心中有数。而且朗读量要适中，要让多数学生有信心完成朗读量的任务。

二是创造竞争向上的氛围。没有竞争就没有活力,事实证明,在晨间习读课上引入竞争机制,能大大提高学生的积极性。开展竞争性的晨间习读比赛,学生为了集体的荣誉,是不甘落后的。晨间习读结束,及时评比,进行适当的鼓励,能大大提高学生的积极性。

三是晨间习读课的时间段必须在7点15分进行。由于学生的朗读水平参差不齐,个别学生也许会背诵这篇,但不代表其已经会读。要读好这篇文章,还要领读。可以让朗读能力强的学生领读,也可以让朗读能力差的学生读。边读老师边点拨,这样是很有好处的。

四是晨间习读课的内容基本以语文、英语、数学学科为主。晨间习读课形式还可兼有其他形式,比如默写、散读。所有活动应均由学生轮流来主持和完成,充分调动学生朗读的兴趣和主动性,改变晨间习读课只"读"不"做"的低效局面。

(二)关于晨间习读的内容、方法及策略的研究

1. 强化晨间习读意识,培养晨间习读的学习氛围

"书读百遍,其义自见",可见读书的方法源远流长。学生通过反复多遍的朗读与对课文的语言文字的反复接触,才能更深刻地领会作者在字里行间的语音节律,受到更直接、强烈的感染。同时,学生在朗读时,也大大强化了对语感对象——课文的理解。朗读也是分析综合能力、理解感受能力和语言驾驭能力的外在体现。新课标提出的重视朗读教学非常及时,也是素质教育发展的必然趋势。众所周知,"一年之计在于春,一日之计在于晨"。晨间习读是对课堂必不可少的延伸与有益补充,不仅能积累知识、巩固能力,而且是培养学生良好读书习惯的绝佳措施,也是决定学生成绩好坏的关键环节之一,可见晨间习读在教学中有着举足轻重的作用。虽然广大教师非常重视晨间习读,但实施过程中存在的种种

问题使学生对晨间习读感到乏味枯燥,从而逐渐失去兴趣,最终是敷衍应付。

开设晨间习读课是新课标提出的重视朗读教学、进行素质教育的重要环节。让学生进行晨间习读符合科学记忆规律,能增强记忆、提高学习效率。

在课题实施之前,学校的晨间习读安排目标不明确,内容不具体,整个初中阶段语文及英语晨间习读应该读哪些内容,每个年级以哪些内容为重点,每学期应该解决哪些问题,都缺乏计划性,没有整体性、具体性,以至于学生天天在读,老师天天在转,等到学期结束时,该背的东西还是没有记住,单词拼写还是写不出,作文内容干瘪如初。当晨间习读看不到效果时,学生对晨间习读失去了兴趣,产生了抵触情绪。想要解决这一问题最关键的一点是要求教师转变观念。教师是学生学习的指导者,更是一名实践者,因此教师要在强化晨间习读意识、培养晨间习读的学习氛围上下功夫。首先教师必须不断学习,以自身优美与纯正的语音、语调熏陶学生,给学生美的享受,从而引起学生的朗读欲望。为了让学生更好地认识晨间习读的重要性,我们不仅要大力宣传,而且要创设良好的晨间习读的环境。其次在制度上要有一个稳定的保证,每天由值班老师检查班级的晨间习读情况,填写在班级情况记录表中,并且把每天的检查记录公布在学校的检查中,这样学生也能每天了解自己班级的情况,让学生有改变现状的意识。同时在班主任考核中也有专门一栏是对班级晨间习读情况的检查。

另外教师要全局有计划、课课有目标。教师要把每天晨间习读的内容与达到的目标列入教学计划,联系教学进度,针对课本难易深浅的不同情况,有计划、有内容、有步骤地指导晨间习读,使每天的晨间习读与课堂目标有机结合起来。

以七年级语文为例,老师制订出七年级下学期语文晨间习读学期计划，计划中包括一个学期晨间习读的内容及形式，以及每周的具体安排与要达到的效果。

晨间习读的内容：

(1) 课内重点篇目，主要是必读与必背的重点篇目，即将学的，进行一定的预习；已学过的，进行巩固性的复习。

(2) 课外阅读篇目，包括课本中的自学篇目和课本外的名家名篇，让学生阅读这些文章，能够有效拓宽他们的视野，弥补因课程任务太重而导致的阅读量上的不足，同时还能够让学生摆脱那种想拓展阅读但又不知读什么的迷茫窘境。

(3) 优秀范文，主要是优秀作文，包括优秀竞赛作文及印发的学生习作中的范文。读同龄人的优秀作品使学生有亲切感，容易借鉴，从内容到手法到语言都能得到启发。引导学生诵读优秀作文，这些作文中的顺畅思路和优美语言能够不断地同化学生的内部思维，有助于他们写作时思路也跟着顺起来，语言也跟着美起来，这一点尤其有助于作文基本功较差的学生和"惧怕"写作文的学生。

晨间习读的形式：

由于七年级的学生自觉性较差，注意力集中的时间有限，较排斥一成不变的形式，但又爱自我表现，所以把15分钟的晨间习读时间分为两大块。前5分钟开展"今天我主播"的活动，即学生个人上讲台为大家做一个简短的演讲，内容形式不作具体规定，只要是有利于语文学习的即可；后10分钟在班干部的带领下，根据老师的计划进行全班的诵读。此外，每月举行一次规定主题的演讲或诵读比赛，由学生自主报名，其他同学对其进行打分点评，再结合"今天我主播"的表现，每月评出一名"演讲之星"。

这样的安排既使晨间习读的形式多样化、内容丰富化，也让学生对晨间习读多了一分期待感、新鲜感与参与感，更重要的是培养锻炼了学生的表达力、表现力,拓展了学生的知识面与视野。

根据七年级的教学内容及学生语文学习的现状,更依据语文学科的特点,我们初步设计了以下几种晨间习读方式。

(1) 现代文:听录音跟读、师生个别范读、散读、分角色朗读、小组读、男女声读、齐读。

(2) 文言文与古诗:听录音跟读、师生个别范读、散读、小组读、男女声读、齐读、抽背、齐备。

(3) 名篇名作:听录音跟读、师生个别范读、齐读、交流。

(4) 优秀范文:散读、交流、齐读。

通过多种读书方式,学生在读书时可保持一种亢奋状态。同时,通过不同的读书方式,学生能加深对所读内容的记忆、理解,达到巩固强化的作用。

此外,晨间习读除了"读"以外,我们还强调"读"的效果,所以在"读"后针对考试必背的篇目尤其是文言文进行抽背和抽默。在默写后当堂请学生相互批阅,错的及时更正。这样既让学生趁热打铁巩固知识,又能及时检阅晨间习读的效果,还有利于调动大家的积极性。

需要补充的是,除了诵读课文外,根据课文学习和教学的要求,我们还适时地进行调整与补充晨间习读的具体内容。如现代文需补充读重要的注释、作者简介、写作背景等,文言文需读重点字词解释、句子翻译、文学常识等,优秀范文还需特别读重点语段、好句、好段等。这里所列的主要是后 10 分钟的具体晨间习读篇目安排,若有不妥再根据实际情况作调整。

课题实施以来,我校语文及英语学科的全体教师在每学期初制订晨间习读计划,使一个学期的晨间习读有的放矢,有一个明确的大方向。时间虽然只有短短的 10~20 分钟,教师备课过程中依然把晨间习读作为一个重要环节。

下面是九年级语文老师的一份晨间习读教案。

[教学目标]
(1) 知识与技能:复习六年级课文《爱莲说》,讲述课文的内容。
(2) 过程与方法:诵读与小练习相结合,掌握本文的难点。
[情感态度与价值观]
(1) 利用晨间习读,让学生感受到以此带来的朝气,为一天的学习生活奠定饱满的精神。
(2) 利用小练习,激发学生学习的信心。
[教时安排]
15分钟。
[教学过程]
(1) 读一读(3分钟),此环节由课代表组织。
读《爱莲说》课文。
读《点击》的译文及阅读指南。
(2) 说一说(2分钟),此环节由老师组织、学生交流,老师补充。
A. 课文中重点词语的解释。
B. 课文内容的理解及中心的把握。
C. 学生进行圈画。
(3) 背一背(3分钟),此环节由学生自我组织。
学生自由背诵课文。
(4) 练一练(7分钟)。
老师发下事先准备好的小练习资料,学生当堂完成。

下面是八年级英语晨间习读教学实例。

师:同学们,昨天我们学到了几个新的词组,这些词组对于你今后英语作文的写作是很有帮助的,希望通过今天的晨间习读,把这几个词组真正掌握。同时我们学习一些英语写作的技巧,通过掌握一定量的佳句,提升英语写作能力。今天由××学生主持。

生:大家把昨天的复习材料拿出来,一起读。

(学生们自己管自己读)

生:停,重新来,整齐一点。

(学生们大声朗读3分钟)

生:好,接下来你们一个抽背一个回答,自己叫其他同学。

(虽然表达得不是很清楚,但是其他学生已经习惯了这种方式,即通过接龙的游戏,抽背刚才所读的内容。同时教师在旁边维持纪律)(10分钟)

师:好,××同学今天的表现很好。大家有没有记住啊?

生:记住了。

师:Great! 希望大家以后写作文的时候能够用到这些句子。

像这样布置好晨间习读任务,才能充分发挥学生的主动积极性。没有明确的晨间习读任务,学生就犹如一盘散沙,没有动力、目标,晨间习读的实际效果不会明显。因此,我们在每次晨间习读前,为学生布置好详细的、有层次性的任务,让学生有目的地去开展晨间习读,使他们做到有的放矢,提高学习效率。晨间习读目标,可以根据班级的实际情况,结合学科的教学进度来确立。

2. 补充晨间习读内容,拓展学生视野

我们以往的晨间习读都以语文及英语课本作为主要内容,对于这些课本上有限的几篇文章,学生早已读得滚瓜烂熟,倒背如流。天天读这些东西,学生对读书的兴趣也逐渐地衰减,更别说有感情地朗读了。无论是谁,若是无心、无趣、无变化地天天这样读,就会产生心理生理疲乏,尤其是对自制力较差的学生来说更是难以坚持,这也难怪一节晨间习读课往往是先热热闹闹后冷冷清清了。其实在读熟课本的基础上,大可在晨间习读课上让学生读一些课外读物。

总之要充分利用晨间习读的时间让学生多读一些课外书,多接受一些新鲜的事物,开阔学生的眼界,启发学生的智慧,增加学生的阅历与见识。这样,既可以满足学生的新奇感,又可以满足学生的求知欲。对于新鲜的事物与知识,学生总是有着无比浓厚的兴趣。在读的时候,他们也就自然而然地读得十分用心了。

3. 指导晨间习读方法,提高晨间习读效率

为了提高晨间习读的效益,2011年6月,郭惠萍、侯雪娣老师分别为学生做了语文及英语习读的方法的讲座,为学生的习读提供了正确的方法。

郭惠萍老师提出:诵读首先要养成诵读习惯,包括"整顿几案","声音"清""远""深""美"。诵读的方法包括:认识和理解作品内容,让形象在学生的脑中鲜活起来,明确作品中语言的内容,形成对作品中人和事物的态度。

总之,习惯和方法的正确培养,是诵读出效果、有意义的有力保证。学生只有真正掌握了,诵读才能促进语文教学,语言教学才能取得事半功倍的效果。最关键的是,诵读能形成我们学校良好的学习氛围。

侯雪娣老师也就英语晨间习读的方法给学生做了一个讲座,讲座后我们对学生进行了访谈。

学生A说:听了讲座后受益匪浅,原来看似平淡的晨间习读还这么有讲究。

学生B说:我觉得真有用,以后我会更认真。

学生C说:本来以为每天就读读而已,这里面还大有学问。以后我真的要好好利用这段时间了。

4. 创新晨间习读形式,激发晨间习读兴趣

在晨间习读的形式上,要变"单一性"为"多样性"。我们采取了以下措施:

一是声情并茂的示范读。古人云:"情动而辞发。"教师为学生提供准确清晰、激情澎湃的示范性朗读,不仅能够让学生体会朗读技巧,更能够诱发情感共鸣,有助于学生更深刻透彻地理解课文。

二是诗情画意的配乐读。长时间地朗读是枯燥乏味的,在学生习读的过程中配上舒缓的音乐,当文字和情调相吻合的音乐交相互结合,会把人带入特有的意境中,唤起人的情感,从而激发学生的兴趣,使他们更好地理解文章内容。

三是多姿多彩的角色读。对于一些适合角色朗读的文章,特别是英语学科中的对话,教师要大胆放手,引导学生进入角色,把握性格,体味内在的情感,并及时加以反馈、总结和肯定。这样既可以提高学生对人物的理解,又可以提高学生的兴趣。

四是日积月累的扩充读。每周晨间习读时,可固定留出一些时段安排学生在黑板上摘抄优美语段或者英语中的一些谚语,作为晨间习读的一部分。这样可以增加学生主动去博览群书的兴趣。

有了详细的晨间习读计划,不进行相应的检查,对学生还是起不到督导的作用。这就要求教师在分配任务的前提下,及时对学生的晨间习读情况进行督导和检查,以此来督促学生以更高的质量来完成晨间习读任务,而且从中真正地巩固了所学知识。检查方式有很多,可以是晨间习读后几分钟进行全班的听写,也可以是对晨间习读内容进行抽背,或者老师直接对所读内容进行提问,及时反馈晨间习读成果。也可引入竞争机制,对高质量完成任务者进行物质奖励或口头的称赞。利用适时的督导,加强对学生记忆和理解成果的检验,以取得更好的晨间习读效果。《英语课程标准》明确指出:"评价应关注学生综合语言运用能力的发展过程以及学习的

效果,采用形成性评价和终结性评价相结合的方式,既关注结果,又关注过程,对学习过程和学习结果的评价应达到和谐和统一。"

比如说,读了一首诗或词,是否已能将这首诗或词背诵下来?能不能说一说在这首古诗中你都读懂了哪些词句?

又或者学了关于打电话的英语课文后,有没有把基本的电话用语掌握?能不能和朋友用英语打电话,把一件事情表达清楚?

在我校的晨间习读过程中,我们设计了一个评价表,让学生把自己的问题及时反映出来,教师可以根据评价表(见表2)在下一阶段的晨间习读加以改进。

表2 晨间习读评价表

日期	晨间习读内容		完成情况	有困难的地方
	词汇	句型		

学生在晨间习读前填好晨间习读的内容,然后按照指定的任务进行晨间习读。晨间习读结束后学生自己填下完成的情况,分为好、一般和不好,然后把没有完成的任务填在"有困难的地方",可以找同学或老师把问题解决。这样一来,学生就能及时了解自己的情况,教师也可以根据学生的反映情况了解晨间习读需要改进的地方,这样让学生成真正成了学习的主人。语言学科的晨间习读内容及形式取决于学生自我发展的需求,教师应当积极做好协调和指导的作用。要使晨间习读打破陈规,起到以"学生的发展为本"的实质作用,不能耽于安逸,流于形式。

(三)关于学生自主管理能力培养的研究

1. 培养学生自主管理的能力的重要性与必要性

培养学生自主管理的能力,是新课改的必然要求。《基础教育课程改革纲要》中明确提出了"加强德育工作的针对性、实效性和主动性"的要求,进一步强化了德育在目前以基础教育改革为核心内容的学校教育中的重要地位。而德育工作的实效性、针对性和主体性要求,最终必须落实到学生自我教育和自主管理能力的培养方面。因此学生的自主管理能力成了新课程得以顺利实施的有力保障。

培养学生自主管理的能力,也是促进学生不断发展的必然要求。学生作为学校教育的对象,既是发展的主体,又是丰富的教育资源。学生内心有不断进步的要求和欲望,只有充分发挥学生的主体作用,才能使学生获得真正意义上的成长。初中阶段的学生,他们的自我意识、自主性和独立性不断增强,成人感较为突出,希望摆脱教师和家长的控制,但是他们的身心发展还不成熟,自制力差,意志较薄弱,缺乏责任感,这就决定了"以学生发展为本"的学校教育必须加强培养学生自主教育的能力。

培养学生自主管理的能力,既是我校发展的需要,也是学校教育的根本所在。我校是一所农村学校,现有 21 个教学班,805 名在校生,生源情况复杂,既有家庭经济比较拮据的拆迁户学生,又有很多外来务工子女学生,他们的父母整天为了工作,顾不上自己孩子的学习与发展。现在的学生大多数是独生子女,学生在家庭中的特殊地位和受到的特殊待遇,以及学生间经济状况的不平衡,给我校的学生教育管理工作提出了新的课题。在工作实践中,我们清醒地看到,要提升学校的办学品位,必须抓好培养学生自我管理能力这一重要工作。因此,要把全校学生动员起来,真正把学生当作管理的主体,并使学生在自治自理中受到锻炼。正如苏霍姆林斯基所说,"自我教育是学校教育中极重要的因素","没有自我教育就没有真正的教育",培养学生自主管理能力理当成为学校一项长期的根本性的工作。

2. 培养学生自主管理的能力的方法与途径

(1) 通过教师指导下的晨间习读,培养学生自主管理能力。

要促进学生自主管理能力的发展,必须调动发挥学生参与的积极性。因为学生是班级的真正主人,是班级发展的动力,是班级教育的主体。如果缺少了班级的主体,那么一切的教育只能成为无源之水、无根之木。而且教师需要面对的是三四十位参差不齐的学生,每个学生都有各自的特点,教师的教学应该照顾到学生的整体。为了让学生的自主管理能力得到提高,我们采取了以下措施:

一是创设体验场,促班晨间习读的顺利进行。增强学生对集体的认同感,提升学生自主管理班级的主体地位,激发每个学生参与管理班级的积极性。在课题开始的一个学期里,老师注重的是个别同学,像课代表、班干部等的培养,在课题实施的中期,我们又进行了一次问卷调查。本次问卷主要侧重以下几个方面,即班级晨间习读的效果、班级晨间习读的氛围、班级晨间习读的形式、教师的参与度等。通过调查,我们发现我校晨间习读质量整体趋势良好,令人鼓舞。年级越高,学生晨间习读的形式越多样,氛围越好。总体上,八、九年级晨间习读活动质量较高,六、七年级存在或多或少的问题,如有的班级不是很安静,有部分同学讲话;有的班级值日生出动人较多,破坏了晨间习读的氛围。问卷调查为我们今后的研究提供了改进的依据。如问卷中有这样两个问题:

你希望你自己主持晨间习读吗?

如果你主持晨间习读,你还想采取哪些形式?还想增加哪些内容?请给出你的建议:(字数不限)

从这两题的问卷结果来看,很多同学都提出想自己主动尝试去主持晨间习读,这说明我们的大多数同学有强烈的主动管理班级的愿望,这一点是非常喜人的。这也是我们学校研究晨间习读的目的所在,即培养学生的自主管理能力。但是我们知道并不是每个学生都能胜任这一工作,这时教师的指导作用就相当重要,这也给我们后一阶段的研究提供了依据。

之后,我们在晨间习读的形式上采取了改变,主持的学生不再是一成不变的,我们采取了"今天我主播""今日我是小老师""今天我做主""请你跟我读"等形式,让每一位学生都有机会自己走上讲台来管理晨间习读,让每一位学生都有发挥特长的舞台。

二是班主任民主管理,适当引导,提高每个学生的管理能力。叶圣陶说过:"所谓教师之主导作用,盖在善于引导启迪。""教师之为教,不在全盘授予,而在相机诱导。"教师要想在教学中取得"主导"地位,真正落实以学生为主,有效促进学生思维的发展,教师恰如其分的引导无疑极为重要。要真正发挥教师的主导作用,教师既要从观念上彻底转变学生只是被动接受者的思想,树立正确的教育观和学生观,看到学生自主学习的潜能,放手让学生主动去学、主动发展,又要有目的、有计划地对教学活动进行调控,引导学生顺利地掌握知识、发展自我。如和学生共同制定晨间习读管理制度、实施轮流制等,增强学生班级的主人翁意识。同时,保护学生自我管理的积极性,经常进行强化。学生的心灵是纯洁无瑕的,他们乐于遵守纪律,乐于配合教师的工作,也乐于为集体服务。只要教育得法,每个孩子都会成为班级管理的积极参与者。

以下是一位班主任在培养学生过程中的一段随笔:

7点进教室,大部分学生已经到了,有的在交作业,有的在打扫卫生,忙碌热闹。临近7点15分,我让语文课代表站在讲台前开始领读。

"请同学们把书翻到第一页,《祖父和我》,预备起。"声音小得可怜,估计只有她自己能听见。下面的同学茫然地看着她,没有动作,无奈,我只能要求她再说一遍。第二次情况稍好,下面的同学跟着读了,但是整体的声音很小,没有朝气,在我的要求之下,重复读了好几次,总算好了一些。于是,在这样的读书声中,晨间习读结束了。

针对这一情况,我提出了晨间习读的要求:每天7点15分开始,无论老师在不在,课代表开始领读,做到整齐、响亮,除了读课文以外,还可以读一些练习、课外的美文等,形式也可以多种多样,比如比赛读、吟诵读、接力读、分角色读等,并要求课代表与其他同学一起制订每天的计划,确定读的内容。

第二天7点15分,我来到教室,课代表已经开始领读了,声音比昨天响亮很多,但是只有齐读一种形式,而且只读课文。

第三天7点15分,远远就听见教室里书声琅琅,甚是欣慰,然而仍然只有齐读一种形式,而且只读课文。在我的提醒下,课代表开始领读一些练习、知识卡片、作文等。

接下来的一段时间,情况日益变好,学生的积极性也越来越高。当然偶尔还是会出现一些反复,比如声音不够有朝气,个别学生由于交作业、打扫卫生没有及时地进行晨间习读等。但是,可以肯定的是,学生们虽然入学时间不长,但他们已经适应了每天到校后的晨间习读,并且在奖惩制度的刺激下也更重视晨间习读了。

晨间习读课不像上课那样规矩严格,师生之间为交流也不拘形式,这样有助于密切师生感情。同时教师下班级认真抓晨间习读课,除了对学生起督促鼓励的作用外,还能及时发现学生学习上存在的问题,并及时给予纠正、示范和指导,从而掌握学生实际水平的第一手资料。这样就可以有针对性地制订各阶段的教学计划及具体教学安排,有利于提高教学质量,从而把教师从烦琐的日常琐事中解脱了出来,让教师有更多的时间去思考,有更多的时间去研究教材教法,去反思自己的教学实绩,做一名研究型教师。

当然,良好的自我管理能力的培养必须持之以恒,同时还要不断地根据情况的变化修改细化。在学生实践的过程中,教师还应密切关注进展情况并对方法不断加以指导。正是这样,在教师与学生双方的共同努力之下,增强了学生的主人翁意识,很多学生的自我管理能力得到了提升。在教学过程中,教师合理的引导是一把火,促使学生的思维放出火花。教师的艺术化引导,能有目的地引领学生去发现、去创造。

(2)通过巧妙的激励机制和得当的方法,提高学生的自主管理能力。美国哈佛大学教授威廉·詹姆士研究发现,在缺乏激励机制的环境中,每个人的潜力只能发挥出一小部分即20%～30%,如果受到充分的激励,每个人的能力可以发挥出80%～90%。在班级管理中,就要想方设法寻求激励机制,调动学生的积极性,充分发挥每个孩子的潜能,促进他们主动参与,力争全面发展,从而也使班级管理走上良性循环的轨道。

在班集体建设中,我校教师充分运用激励机制,激发学生的进取心,为此我们每个月都要评出各类争章明星,每一次重大考试之后每个班级都要评出进步奖。为了鼓励那些班级中的学困生,我校还设立了表扬通知单,只要学生有小小的进步就开表扬通知单给予鼓励,还通知家长给予鼓励。喜欢赞美是人的天性,每个学生都希望自己受到老师的关爱,这样既提升了学生自信心和对班级的向心力,也有效地激发了学生参与班级活动的积极性和获取进步的进取心,使一大片中等及中等以下的学生品尝到成功的喜悦,激发出他们乐意为班集体建设服务的自信心和责任心。这个激励机制可能只是一张表扬通知单,可能只是几句鼓励的话语,但是对于学生成长所起的作用却是重大的。

下面是一个真实的案例:

一位老师在一次与家长交谈中,家长谈起他孩子的薄弱点:缺乏自信,遇事老是往后缩。为了提高孩子的自理能力,父母想了很多办法,尽量让孩子多与同学相处,可没有效果。在一次轮到他主持班级晨间习读的时候,他退缩了,教室里乱成一团……

后来老师找到了他,和他进行了一次长时间的谈话……

结果他和老师达成协议,下次主持晨间习读的时候让老师在场,慢慢改掉胆小的毛病。同时老师也很注意他在课堂上的表现,老师发现,这是一位非常优秀的孩子,可他没能肯定自己的长处。实践证明,他做事非常认真,而且很有组织才能。现在,在他的"带领"下,班里的晨间习读已经完全不成问题了。老师时不时在班中肯定他的优点,肯定他的才能。他现在越来越自信。

如果教师的一言一行都向着学生,并把爱融化在日常生活的具体事件中,化作一股股暖流,送到他们的心坎上,他们就会信赖老师,就会自然打开接受教育的闸门,主动接受教育。对自信心缺失的学生,要努力为他们创造更多的机会和条件,多给予他们成功的机会,让他们从点滴的进步中感受成功的喜悦,进一步树立自信心。案例中的同学是一个十分负责的学生,可就是因为性格的关系,很少参加集体活动,因此他的这种能力就鲜为人知了。老师给了他展示自我的机会,他也在同学面前展示了自己的能力,这让他感到了成功的喜悦,在老师和同学的认可中他找到了自信心。

我们的教师群策群力想出了很多办法,很多班级都采取了小组合作的管理方式,以班级的自然组为单位或由学生自由组合成立一个合作小组,这样渐渐形成了"组间竞争、组内合作"的良性机制,将传统的师生之间的单向交流或双向交流改变为师生、生生之间的多向交流,提高了学生学习的主动性和对学习的自我控制。

一位班主任便是采取班级小组合作法,即把班级分成若干个小组,小组成员共同管理组内的学习、纪律、卫生。小组是班级管理的基层组织,小组不能解决的问题交给班委会,班委会是班级管理的高层组织。这样分层管理,人人参与管理,充分发挥了学生的自主性、主动性,发展了学生的自我管理能力,培养了学生的团结协作精神,更有利于课改中推行的小组合作学习的开展。这一模式在"晨间习读"活动中效果尤为显著。他们建立了"小组成员成长档案",档案中记录成员每天的出勤、学习、奖惩情况(见表3)。档案主要由各组值日生填写,自评由本人填写,填写完毕后交总组长保管。每星期依此评出一名优秀组员,激励学生从我做起,个个力争达标创优。学期结束时把档案反馈给每位家长,班委也依此评选"班级之星"。

表3 小组成员成长档案

姓名		备注	
出勤			
学习			
奖惩			
自评			
		值日生: 日期:	

激励学生合作不是为合作而合作,更不是为了追寻华而不实

的教育氛围而做,关键是满足学生学习的需求,激发学生的合作欲望。

赫尔巴特说:"如果不坚强而温和地抓住管理的缰绳,任何功课的教育都是不可能的。"这话道出班级管理工作的重要性。虽然班级管理的对象是学生,然而不能把学生当作没有思想、没有情感的被动的受管理者,而应该把他们当作有思想、有意志、有情感的主动发展的个体。小组合作制实现人人都是管理者,人人又都是被管理者,学生从中自觉意识到管理的必要性,特别是自我管理的必要性,减少学生对管理的抵触甚至对抗的情绪。这一班级管理模式现阶段主要在"晨间习读"活动中进行实践,接下来将进一步调整、完善,运用到班级管理的各个方面,期待它会给我们班级带来一个又一个的惊喜。

在学校政教处的领导下,全校还开展了"学生自主学习与发展计划"的制订。

俗话说:"凡事预则立,不预则废。"良好的学习和行为习惯对一个人的成长起着至关重要的作用,而制订好的自主学习发展计划对自主学习又具有导航的作用。通过"自主学习与发展计划"的制订,学生可以寻找一些成功的案例,发现自身的不足,能厘清思路,丰富学习经验,有利于下阶段更好地学习。而科学地制订自主学习与发展计划,使学生学习有明确的目的性,产生强有力的学习动机和学习热情,变被动学为主动学,达到事半功倍的效果,从而改变学习的无序状态,使自主学习逐渐由自发转为自觉。

为使学生"自主学习和发展计划"工作便于操作,我们通过表格的形式来实施。在表格的内容上,不仅体现了德育上的要求,同时把学科、第二课堂等内容设计在内。在这一计划实施的过程中我们注重学校与家庭的联系,大部分学生和家长都认为这对学生

的发展是有帮助的。以下是部分学生及家长的感悟:

七(1)班吴杰:这次考试结果没有达到我的自我要求,我希望能够在下一次考试中达到我的目标。今后要更加努力,英语录音要每天坚持听45分钟,每周坚持背出两篇作文。语文方面也要努力,每周多读一些课外书,多看一些作文书,老师的上课要求也要全都达到。数学则要多做一些难题增长见识。

八(3)班李晓敏:八年级第一学期"跌跌撞撞"地走过了,第一学期的期终考试是一败笔,而"罪魁祸首"应该就是语文了,阅读这一部分是我的不足之处,曾想过要阅览一些书籍,但计划制订好了没几天,又将那些书丢弃在书柜里不读了,这也许就是我的弊端吧。人越来越大,父母的担忧也变多了,不想再看到他们日渐苍老的面容了。我相信自己定能实现这些目标,这次的失败也是为往后的升华而做铺垫。

六(4)班赵涵家长:学习上增加一点耐心,向优秀学生看齐,多想、多读、多看,英语听力要跟上,请老师增加听力作业,谢谢!

九(2)班朱博文家长:每个家长对孩子的希望都很高,可往往就是希望越高,失望就越大,儿子啊儿子,真希望你能认真点呀!!!

八、研究成果

第一,在学校龙头课题的牵头下,学校的学风得到了明显的改善,同时学校的教育实绩也非常喜人。在各年级的质量管理考试当中我校的多门学科成绩超过区平均水平,学校教育质量处于全区中等偏上水平。在2011及2012年的初三学业考中,我校的合格率100%,两年排名都处于公办学校第10名。以下是2011—2012年间历次宝山区质量管理考试成绩汇总(见表4):

表 4　宝山区质量管理考试成绩汇总(2011—2012 年)

考试时间	考试年级	语文		数学		英语		物理		化学	
		校平均	区平均	校平均	区平均	校平均	区平均	校平均	区平均	校平均	区平均
2011 年 1 月	九年级	105	100	106	96	98	98	67	62	45	42
2011 年 6 月	八年级	107	104	115	104	107	106	84	78		
2011 年 6 月	九年级	124	121	135	133	123	124	80	76	53	51
2011 年 11 月	七年级	70	69	78	76	72	71				
2012 年 1 月	九年级	105	102	113	102	101	102	73	67	40	40
2012 年 6 月	八年级	114	111	127	111	106	105	80	78		
2012 年 6 月	九年级	126	124	129	124	124	123	79	77	51	50
2012 年 11 月	七年级	75	72	75	70	69	71				

第二,在历年的全国推普宣传周中表现突出。在 2011 年 5 月的全国第十三届推普周中,王静燕、高红、周丽君、郭惠萍等教师获优秀指导奖。在第十五届推普周中,我校被评为先进单位。

第三,学生在各类竞赛中取得了喜人的成绩,在此罗列近两年的一些成绩(见表 5):

表 5　近两年各类竞赛成绩

时　间	姓　名	竞赛项目	获奖等级
2012 年 1 月	王依妮	"光明优＋杯"第五届"让青少年读懂中国系列活动"暨"海峡两岸青少年书法作品交流展示活动"中征文比赛初中组	三等奖
2012 年 1 月	何佳楠	第二十六届上海市中学生作文竞赛宝山赛区	一等奖
2012 年 1 月	黄茵英	第二十六届上海市中学生作文竞赛宝山赛区	一等奖
2012 年 1 月	朱金洋	第二十六届上海市中学生作文竞赛宝山赛区	一等奖
2012 年 1 月	陈　欣	第二十六届上海市中学生作文竞赛宝山赛区	二等奖
2012 年 5 月	胡秦妤	第八届全国语文规范化知识大赛中学组	二等奖

续表

时间	姓名	竞赛项目	获奖等级
2012年5月	张高阳	"经典回响"2012年宝山区中小学生影评征文活动(初中组)	二等奖
2012年6月	刘钰颖	《英语辅导报》全国中学生英语作文大赛上海六年级组	一等奖
2012年6月	沈怡	《英语辅导报》全国中学生英语作文大赛上海六年级组	二等奖
2012年6月	季方婧	《英语辅导报》全国中学生英语作文大赛上海八年级组	一等奖
2012年6月	吴雯洁	《英语辅导报》全国中学生英语作文大赛上海八年级组	二等奖
2012年6月	朱羽琳	《英语辅导报》全国中学生英语作文大赛上海八年级组	二等奖
2012年6月	刘显舟	《英语辅导报》全国中学生英语作文大赛上海八年级组	二等奖
2012年6月	何欣瑜	《英语辅导报》全国中学生英语作文大赛上海六年级组	一等奖
2012年7月	张高阳、朱金洋	2012年度宝山区中小学红色经典小故事讲演比赛	二等奖
2012年7月	蔡思真	《英语辅导报》全国中学生英语作文大赛上海七年级组	三等奖
2012年12月	朱金洋	宝山区青少年科普基地演讲比赛(中学组)	二等奖
2013年4月	朱金洋	第八届"中国中学生作文大赛·恒源祥文学之星"上海赛区"智立方教育·新知杯"	一等奖
2013年4月	沈赢	第八届"中国中学生作文大赛·恒源祥文学之星"上海赛区"智立方教育·新知杯"	二等奖

第四,教师积极撰写论文、案例与随笔,在区组织的"两课一评两反思"的征文比赛中,我校有4篇文章入围。下面是其他获奖项目(见表6):

表 6 其他获奖项目

时间	姓名	项目	获奖等级
2011年9月	王静燕	宝山区第三届教育热点问题研究"课堂改进中的创意"征文	三等奖（区级）
2011年9月	周丽君	经典诵读大赛宝山赛区教师组	三等奖（区级）
2011年12月	翟婷妍	宝山区教育技术应用有效性教学评比	三等奖（区级）
2012年1月	陈桂英	宝山区中小学"生活德育"实践案例评选	三等奖（区级）
2012年10月	翟婷妍	沪太路区域教学大奖赛	一等奖
2012年10月	吴珏	沪太路区域教学大奖赛	一等奖

九、研究的反思及今后的设想

我们课题组全体成员经通过两年多的研究探讨，可以说在"晨间习读"和"自主管理"方面取得了一定进展，但是也应该看到这些进展大部分还停留在经验的层面上，要将研究上升到理性的层面，我们觉得课题研究还需向纵深发展，主要从以下几方面入手：

第一，习读方法的指导还需加强，特别是像六、七年级。因为学生的年龄不够成熟，个人学习方法也没有形成，就需要教师的引导。晨间习读的层次也有待于提升，习读的内容不一定拘泥于课本知识，形式不一定只有单纯的朗读，这更需要发挥教师的能动性，丰富习读的内容与形式，让习读真正成为学生拓展视野的有利契机。

第二，自主管理的学生的范围可以扩大，不必局限在少数几个班干部里面，因为从问卷中我们发现，每个学生都有管理班级的欲望。

第三，现在的教学任务紧张，使得某些教师不得不利用晨间习读的时间为学生补课,而学生自主管理下的晨间习读又提出让学生能够自己管理自己的学习,两者如何有机结合起来是我们困惑的一个地方。

第四,进一步转变教学观念,牢固确立主体性意识。学生是学习的主人,是认知的主体,因此,教师在教学中必须善于发现和开发学生的优点,尊重其特长,让学生的个性和特长得到充分的发展。

十、参考文献

1. 庞维国:《自主学习——学与教的原理和策略》,华东师范大学出版社 2003 年版。

2. 魏书生:《教育改革与素质教育》,沈阳出版社 2001 年版。

3. 周考成:《英语语音学引论》,四川大学出版社 1980 年版。

4. 刘秋云:《爱心成就好老师》,江苏美术出版社 2011 年版。

5. 刘平平:《成功转变问题学生》,东北师范大学出版社 2010 年版。

十一、附件·问卷调查

晨间习读问卷调查表

编写者:陈　龙

1. 每天到校之后还没有上课的这段时间你在做什么?(　　)

   A. 读书　　　B. 复习,预习　　C. 做作业　　　D. 无所事事

   E. 其他(如实填写)

2. 你赞成学校开展晨间习读吗?(　　)

   A. 赞成　　　B. 不赞成　　　C. 随便

3. 你对晨间习读有什么要求?(　　)

   A. 要求老师指导　　B. 要求学生自理　　C. 班干部管理

4. 你在晨间习读时喜欢读哪些学科内容?(　　)

   A. 语文　　　B. 英语　　　C. 数学　　　D. 其他学科

5. 你能保证参加晨间习读不缺席吗?（　　）

A. 保证　　　B. 不一定

6. 晨间习读你希望班主任在场吗?（　　）

A. 希望　　　B. 不希望　　　C. 随便

7. 你认为通过晨间习读能提高学习成绩吗?（　　）

A. 能　　　B. 不能　　　C. 不一定

8. 你认为晨间习读是朗读好,还是默读好?（　　）

A. 朗读好　　　B. 自己默读好

9. 你认为每天晨间习读(××学科)占有几次好?（　　）

A. 1次　　　B. 2次　　　C. 最好与(××学科)平

我们这个调查问卷主要包括两部分方面的内容:一是学生对晨间习读课的愿望、内容、效果等,二是对晨间习读课的管理。学生们都认真地填写了问卷调查表。

我们发出176份问卷调查表,在收回176份问卷调查表后,我们首先进行了无效问卷的剔除。结果发现,也许由于问卷本身就很简单,问题明了,学生的回答也都符合问题要求,176份问卷均为有效问卷。

之后,我们对问卷调查表里内容进行仔细的统计和分析,结果发现,在176份问卷调查表中,有100份是赞成晨间习读课的,占问卷调查人数的56.81％;有31份对晨间习读课的态度是随便,占问卷调查人数的17.61％;45份对晨间习读课的态度是不愿意的,占问卷调查人数的25.56％。调查的数据表明,整个年级乃至整个学校的学生对晨间习读课还存在着这样那样的认知问题。

根据问卷调查的统计和分析,表明我们学校晨间习读课存在的问题主要集中在晨间习读课的内容单一枯燥,朗读方式以齐读为主,学生的阅读习惯没有得到尊重;晨间习读时学生的学习方式以读为主，而没有听、说、写等方式的参与。学生阅读的主体地位没有确立也是导致晨间习读课效率低下的原因。

刘行中学晨间习读实行情况调查表

编写者：陈　龙

为便于语文、英语教师在教学中更好地指导晨间习读学习，特拟制如下问卷，请各位同学思考后如实回答。

你所在的年级是_____　你的性别是（　　）男　（　　）女

1. 你喜欢我校的晨间习读这一模式吗？（　　）

   A. 非常喜欢　　B. 喜欢　　　C. 一般　　　D. 不喜欢

2. 晨间习读时间，你喜欢出声读书吗？（　　）

   A. 非常喜欢　　B. 喜欢　　　C. 一般　　　D. 不喜欢

3. 你认为你们班级早上的晨间习读的氛围如何？（　　）

   A. 很好　　　B. 尚可　　　C. 有进步　　D. 没有进步

4. 你认为晨间习读对你的语文及英语的学习有帮助吗？（　　）

   A. 有很大帮助　　　　　B. 稍有帮助

   C. 没有帮助　　　　　　D. 反而退步

5. 你对目前设置的语文、英语晨间习读的效果总体评价是什么？（　　）

   A. 很好，很有必要　　　B. 较好，需要改进

   C. 一般，可有可无　　　D. 不喜欢晨间习读

   请简述你的理由：_____

6. 你对你所在班级的语文晨间习读的内容安排的评价是什么？（　　）

   A. 针对性强，对自己的学习有较大帮助

   B. 针对性不明显，对自己的学习帮助不大

C. 没有针对性,浪费时间

7. 你所在班级的语文晨间习读的纪律情况怎样?(　　)

A. 很好,井然有序

B. 一般

C. 不好

8. 对于主持语文晨间习读同学的方法及每天习读的安排,你是否满意?(　　)

A. 非常满意　　B. 满意　　　C. 一般　　　D. 不满意

9. 你所在班级的语文任课教师出席语文晨间习读的情况如何?(　　)

A. 几乎每次都来　　　　B. 偶尔不来

C. 一半时间不来　　　　D. 几乎不来

10. 你对目前设置的英语晨间习读的效果总体评价是什么?(　　)

A. 很好,很有必要　B. 较好,需要改进　C. 一般,可有可无

11. 你对你所在班级的英语晨间习读的内容安排的评价是什么?(　　)

A. 针对性强,对自己的学习有较大帮助

B. 针对性不明显,对自己的学习帮助不大

C. 没有针对性,浪费时间

12. 你所在班级的英语晨间习读的纪律情况怎样?(　　)

A. 很好,井然有序

B. 一般

C. 不好

13. 对于主持英语晨间习读同学的方法及每天习读的安排,你是否满意?(　　)

A. 非常满意　　B. 满意　　　C. 一般　　　D. 不满意

14. 你所在班级的英语任课教师出席英语晨间习读的情况如何?(　　)

　　A. 几乎每次都来　　　　B. 偶尔不来

　　C. 一半时间不来　　　　D. 几乎不来

15. 晨间习读对你的英语及语文的学习有否帮助?(有或没有,请简述说明)

_____

_____

16. 你希望今后晨间习读的形式有哪些或包括什么内容,请给出你的建议:(字数不限)

_____

_____

17. 你希望你自己主持晨间习读吗?

_____

18. 如果你主持晨间习读,你还想采取哪些形式?还想增加哪些内容?请给出你的建议:(字数不限)

_____

_____

　　问卷在全校的每个年级中随机抽取一个班级的学生参加,问卷汇总后,我们对问卷做了有效性筛选,共收到问卷578张,其中有效问卷569张。

　　此次问卷调查旨在进一步了解我校晨间习读的情况,发现问题并解决问题,进一步推进整个学校的晨间习读,提高晨间习读教育管理的有效性。下面是对问卷调查表的分析:

　　1. 有78%的学生喜欢晨间习读,说明他们有进行晨间习读的愿望和习惯。值得注意的是,8%的学生认为晨间习读是浪费时间,14%的学生不关心晨间习读,这可能和学生不了解晨间习读的重要性有密切关系。

2.78%的学生认为晨间习读对英语及语文学科的学习有大的作用。

3.89%的学生认为班级晨间习读的氛围很好,纪律井然有序,班干部也能起到管理的作用。有8%的学生对班干部的安排不满意,对于这一问题,我们需要在以后的工作中加以改进。管理班级的学生不能只局限在几个班干部里面,要调动起全班同学的积极性,广泛听取每一个学生的建议,让每一个学生都参与其中,真正做到自主管理。

4.从问卷的第16与第17两题的答案可以看出,很多同学都提出想自己去主持晨间习读,这说明我们的大多数同学有强烈的主动管理班级的愿望,这一点是非常喜人的,这也是我们学校研究晨间习读的目的所在,即培养学生的自主管理能力。我们知道并不是每个学生都能胜任这一工作,这时教师的指导作用就相当重要。

十二、附件·各年级英语及语文学科晨间习读计划
六年级(上)语文晨间习读计划

编写者:金燕凤　陆丽瑶

《语文新课标》明确指出:"语文教学要重视朗读,要让学生充分地读。"语文教学主要培养学生"听""说""读""写"能力,而"读"在四种能力中价值独特,"读"是思的凭借,是悟的前提,是说的储备,是写的基础。

俗话说:"一年之计在于春,一日之计在于晨。"一般来说,早晨是大脑记忆力特别强的时候,这是学生及时复习旧知、预先介入新课的宝贵时机。因此,晨间习读是语文学科学习的一个重要阵地,是课堂必不可少的延续与补充,是培养学生养成良好读书习惯的绝佳时间,也是决定学生语文成绩好坏的关键环节。而六年级新生刚跨入中学,对中学语文的学习要求和学习习惯还没形成一个规范,因此在晨间习读时往往有口无心,或是机械地跟着老师或课代表读,而且朗读的声音也渐趋低落,使得15分钟的晨间习读毫无意义可言,更不用说促进语文学习习惯的养成和语文成绩的提高了。为了更好地做好晨间习读工作,培养学生的自主学习能力,让晨间习读成为清晨开启校园生活的美丽序曲,成为学生良好学习习惯的养成阵地,我们根据六年级学生的学习目标和学习状况特制订本计划。

(一)确立晨间习读纪律要求

1. 晨间习读负责人提前到位,明确晨间习读的任务和要求。

2. 所有学生晨间习读按时进班,晨间习读期间不得随意出入教室。

3. 做好课前准备工作,桌上不得摆放与学习无关的书籍。

4. 晨间习读时自觉遵守课堂纪律,严禁扰乱课堂秩序的现象发生。

5. 学生晨间习读时须尊重晨间习读负责人,有意见想法须举手发言,不可交头接耳,议论纷纷。

(二)明确晨间习读目的

向学生讲明晨间习读的重要性和必要性——晨间习读不仅能培养学生的朗读记忆能力、审美能力,激发学习语文的兴趣,而且具有扩大学生知识面、完善知识结构的功能。同时,还具有对学生进行思想教育、美学熏陶的功能,以此来激发学生参与晨间习读的积极性。

(三)确定晨间习读内容实施计划

每天的晨间习读时间是15分钟,每周两次。如果没有明确的晨间习读任务,学生没有压力,每周30分钟晨间习读的实际效用不会很大。因此我们在开学初根据语文教学计划初步确定了一学期的晨间习读内容(见表 7)。

表 7　六年级(上)语文晨间习读安排

周次 \ 次数	一	二
1	《祖父和我》《金黄的大斗笠》	《凡卡》、学生习作
2	每周一诗,经典唐诗	《散步》、经典散文
3	《从百草园到三味书屋》	《花脸》《口哨》
4	《陈太丘与友期》	《陈太丘与友期》字、词、句抽背
5	《两小儿辩日》,每周一诗	《两小儿辩日》课文及知识点背诵
6	同龄人故事演讲比赛	毛泽东诗词选读《十六字令三首》
7	《古诗三首》	《词二首》、每周一诗
8	《童话般的太空城》《海底奇光》	《门外有敲门声》、每周一诗
9	前四单元每周一诗读、背、默	期中考前文言考试重点篇目复习
10	期中考前现代文考试篇目复习	学生作文点评
11	期中考前综合自主复习	《松鼠》《云雀》
12	《藏羚羊跪拜》	《森林中的绅士》、每周一诗
13	美文欣赏	《天上的街市》《星河》
14	《我召唤青青的小树林》《留住童年》	每周一诗,优秀诗歌欣赏
15	诗歌朗诵比赛	《忆读书》《美容新术》
16	优秀作文赏析,《为学》	《孙权劝学》、每周一诗
17	《受宠的象》《采白芷花的城里人》	《白兔和月亮》《蚊子和狮子》
18	《中国古代寓言四则》	古代寓言欣赏,每周一诗
19	学生积累的经典段落交流展示	期末考前古诗词背诵、默写
20	期末考前文言文考试篇目复习	期末考前现代文考试篇目复习
21	优秀作文赏析	期末考前综合复习巩固

我们的经验是,晨间习读内容安排要遵循教材内容和教学进程,安排要有层次感。

第一,要安排背诵内容。背诵自古以来就是读书的一种好方法。结合"二期课改"及中考语文的要求和方向,对一些古诗词、文言文中的词语,以及现代文中的文学常识、经典段落和语句等,要求学生在理解的基础上,通过背诵来加以巩固,最终达到掌握。

第二,要安排熟读内容。主要是熟读教材中重要的字、词、句,一些优美的经典诗文以及教师已教过的课文的知识点或即将要教的课文。这样既增大了阅读量,又增加了课堂教学的容量,使之成为课堂教学的有益的补充和拓展。

第三,还应该安排一些泛读内容。可以是与课文相关的写作背景、作者简介,或作者的其他作品,也可以让学生多读一些各类文体的文章,如优秀作文、经典散文、科学小品、杂感、游记等,凡是思想健康、艺术性强的文章都可以读。这样可以让学生积累丰富的语言材料,把别人的好作品融会贯通后,变成自己的东西,逐渐形成自己的能力。

在计划实施过程中,起初的几次晨间习读教师要早早到岗到位,对如何开展晨间习读,提高晨间习读的效率进行指导,等到小干部的能力得到锻炼后再放手,让晨间习读真正做到由学生自主管理,而教师是定期进行检查和反馈。如果因课程计划的变化或者教学的需要,对晨间习读的内容要稍作变动时,教师要在晨间习读课的前一天放学前,就把任务口述给学生或板书在黑板上,便于学生第二天早晨有目的地去进行晨间习读。这样,通过有计划地实施晨间习读内容,学生对每次晨间习读读什么、背什么、完成多少任务就一目了然了,使他们做到有的放矢、循序渐进。

(四)开创晨间习读的多样形式

为了不让学生产生晨间习读倦怠,不让晨间习读最终流于形式,我们根据初中学生生理和心理的特点,要求学生运用多种感官参与晨间习读,做到"三到",即心到、眼到、口到,在形式上更积极追求创新,富于变化,以激发学生晨间习读的兴趣和热情,使他们积极认真地完成每一次晨间习读,取得事半功倍的效果。

1. 形式多样的"朗读":晨间习读课虽以"朗读"为主,但不能采取一读到底这一传统形式,宜采用多种方式朗读,如教师声情并茂地范读,让学生体会朗读技巧;配乐朗读,让学生理解文章情感;引导背诵,让学生学习理解记忆方法;组织速读,培养学生迅速捕捉语言信息能力。还可以采用齐读、领读、对读、轮读、比赛读、自由读、接力读、分角色读、表情朗读等形式,以活跃晨间习读课气氛。

2. 背诵比赛:比一比,看谁先完成任务,看哪一组完成任务的人最多,看谁会背的诗歌多,看谁的背诵快……可以组与组比,可以男女生之间比。对表现突出、进步明显的要及时予以奖励,对落后的要予以指导。

3. 主题演讲:为提高学生的口头表达能力,不能只借助"朗读"的形式,还可以"主题演讲"的形式来让学生训练口才。教师可根据语文课堂教学和教育的需要,在晨间习读计划中穿插一些主题演讲,演讲主题事先告知学生,让学生围绕主题去撰写演讲稿。可实行轮流制,这样既能锻炼学生的胆识,又能激发他们参与晨间习读和学习语文的兴趣,还能开拓他们的思维能力,从而提升学生的语文素养。

这些形式多样的方法可以不断激发学生兴趣,使学生在不知不觉中完成晨间习读,而且还能取得良好的效果,变"要我读"为"我要读",让学生感到读书有味,读书有趣,书中有奇,书中有理。正如叶圣陶先生所说:"把教师的要求转变为学生的需要就是教学的最高境界。"

（五）定期监督检查，保障晨间习读效率

如果只安排了晨间习读的任务而不检查效果，个别自觉性不强、不遵守晨间习读纪律的学生会产生偷懒心理，出现说闲话、做小动作、晨间习读时"出工不出力"等现象。为了保证学生每次的晨间习读是积极的、有效的，我们通过晨间习读检查反馈表来对晨间习读情况进行跟踪和检查，由课代表或班干部负责晨间习读的检查记录，并及时向教师反馈（见表8）。

表8 六年级晨间习读检查反馈表

项目 姓名	晨间习读内容	晨间习读形式	晨间习读违纪者	晨间习读消极者	晨间习读不达标者	晨间习读优秀者

检查由课代表或教师负责，检查时间可选在晨间习读中间，检查时根据学生学习层次注意优差兼顾、难易适中。比如让学困生朗读所要求的词、段、篇等；中等生听写词、短语或句子；优生背诵或复述课文。对做得好的学生，及时鼓励、表扬，使他们有成就感，读书更有兴趣；对没有完成任务的个别同学，责其限期"达标"，当天补读或下次晨间习读再检查，绝不姑息迁就。否则，检查只会流于形式，使学生产生"南郭先生"式的投机取巧的心理，养成对学习、工作不负责任的习惯。

古人云："松声、涧声、琴声、鹤声……皆声之至清者，而读书声为最。"一阵晨风浑忘我，最是堂上读书时。因此，晨间习读既要充分发挥教师的指导和引领作用，又要充分发挥学生的主体作用。学习语文本是一乐事，我们要在实践中摸索出符合初级中学学情、符合学生的识记规律,具有科学性、可行性、可操作性的晨间习读模式,让学生在兴趣的海洋里快乐地掌握知识,培养能力。相信经过师生的共同努力,一定会让晨间习读成为校园生活的美丽序曲!

六年级(下)语文晨间习读计划

编写者:王 鹰 翟婷妍

(一)指导思想

"一日之计在于晨",早晨是学生学习生活的黄金时间,"晨间习读"能够培养学生语感、口语表达能力以及良好的读书习惯,多读多背,还有助于更好地锻炼记忆力。"书读百遍,其义自见",让"晨间习读"成为一种习惯,让习惯提升素养。水之积也不厚,则其负大舟也无力。天天诵读就是一种快乐的积累,天天的积累必然实现厚积,厚积必然有朝一日薄发。

(二)晨间习读内容

1. 课内重点篇目:主要是必读与必背的重点篇目。即将学的,作一定的预习;已学过的,作巩固性的复习。

2. 课外阅读篇目:可分为读本上的自学篇目和读本外的名家名篇。让学生阅读这些文章,能够有效地拓宽他们的视野,弥补因课程任务太重而导致的阅读量的不足,同时还能够让学生摆脱那种想拓展阅读但又不知读什么的迷茫窘境。

需要补充的是,除了诵读课文外,还要根据课文学习和教学的要求,适时地进行调整与补充晨间习读的具体内容。如现代文需补充读重要的注释、作者简介、写作背景等,文言文需读重点字词解释、句子翻译、文学常识等,优秀范文还需特别读重点、好句、好段等。

(三)晨间习读形式

根据六年级下学期的教学内容与学生语文学习的现状,初步设计以下几种晨间习读方式:

现代文：听录音跟读、师生个别范读、散读、分角色朗读、小组读、男女声读、齐读。

文言古诗：听录音跟读、师生个别范读、散读、小组读、男女声读、齐读、抽背、齐备。

名篇名作：听录音跟读、师生个别范读、齐读、交流。

借助多种读书方式，能让学生在读书时保持一种亢奋状态。同时，借助不同的读书方式，可加深学生对所读内容的记忆、理解，从而达到巩固强化的作用。

此外，晨间习读除了"读"以外，我们还应强调"读"的效果，所以在"读"后针对考试必背的篇目尤其是文言文进行抽背和抽默。在默写后当堂请学生相互批阅，错的及时更正。这样既让学生趁热打铁巩固知识，又能及时检阅晨间习读的效果，还有利于调动大家的积极性与自信心。

（四）具体安排

六年级下学期语文晨间习读一周共2次，根据教学要求与实际学生情况，做以下安排（见表9）：

表9　六年级(下)语文晨间习读安排

周次＼次数	一	二
1	《春》	《花的话》
2	《春之古韵》	每周一诗
3	课外名篇	《羚羊木雕》
4	每周一诗	《在那颗星子下》
5	课外名篇	《假如给我三天光明》
6	每周一诗	《清贫》
7	《登幽州台歌》	名篇名作

续表

周次\次数	一	二
8	每周一诗,现代文考试重点篇目	《黄鹤楼》
9	前四单元每周一诗读、背、默	文言考试重点篇目
10	《中国石拱桥》	每周一诗
11	名篇名作	《统筹方法》
12	每周一诗	《布鲁塞尔大广场》
13	名篇名作	《论语八则》
14	每周一诗	《天时不如地利》
15	《马来的雨》	《吕氏春秋》两则
16	每周一诗,《螳螂捕蝉》	《橘逾淮为枳》
17	每周一诗,名篇名作	现代文考试重点篇目
18	文言古诗考试重点篇目	考试

(五)预期效果

虽然晨间习读时间仅仅只有15分钟,但是通过坚持不懈的努力,持之以恒的开展,努力做到时效性与趣味性相结合,会给学生的语文学习、老师的语文教学带来新气象、新成效。

其一,可以拓宽学生的视野,提高学生学习语文的积极性,为课堂内容的有效实施创造条件。

其二,基础知识得以夯实,字音、节奏得以改观,有利于师生间、生生间的交流,有利于提高学生的表达能力、组织能力、表现勇气。

其三,可以增强学生对文章整体思路的把握,增强学生语言表达的准确性。在写作方面,学生可以丰富写作内容,清晰写作思路,提升语言表达能力。

"一日之计在于晨",短短15分钟的晨间习读可以变得丰富、有意,甚至可以成为我们老师提高语文教学有效性的一个有力途径,需要我们做的就是科学规划,踏实践行。

七年级(上)语文晨间习读计划

编写者:王 渊 王 珏

正所谓"一日之计在于晨",早上正是大脑最清醒的时候,所以如何安排丰富的晨间习读内容,把学生们从余睡中唤醒,唤起学生的学习欲望,提高早晨时间的利用率,就尤其重要。为合理安排学生的晨间习读,特制订以下计划:

(一)晨间习读内容

语文教材有其特殊性,基本以文本为主,这也为晨间习读提供了很好的阅读材料,主要分成以下三块内容:

一是教材中的考试篇目。主要是必读与必背的重点篇目。即将学的,作一定的预习;已学过的,作巩固性的复习。

二是教材中的选读篇目及教材外的经典美文。让学生阅读这些文章,能够有效地拓宽他们的视野,弥补因学习任务太重而导致的阅读量的不足,同时还能够让学生摆脱那种想拓展阅读但又不知读什么的迷茫窘境。教师的指导阅读,既可拉近师生距离,也可及时了解学生的阅读需求,调整教学策略,有效地提高学生的文学修养。

三是优秀作文。可以是学生优秀习作,也可以是学生搜集的值得学习的作文选段等。利用早晨时间,师生共同探讨写作上的难题,并共同解决。

以上三块内容并不是一成不变的,可根据具体情况加以结合,尽可能地使晨间习读内容丰富,充满变化,增强学生的学习积极性。

(二)晨间习读形式

语文晨间习读的形式也应该是多种多样的。可以根据不同的文体或不同的内容,采用不同的形式。

现代文:听录音跟读、师生个别范读、散读、分角色朗读、小组读、男女声读、齐读。

文言古诗:听录音跟读、师生个别范读、散读、小组读、男女声读、齐读、抽背、齐背。

名篇名作:听录音跟读、师生个别范读、齐读、交流。

优秀作文:散读、交流、齐读。

借助多种读书方式,让学生在读书时保持一种亢奋状态。同时,借助不同的读书方式,加深学生对所读内容的记忆、理解,达到巩固强化的作用。

此外,晨间习读除了"读"以外,我们还应强调"读"的效果,所以在"读"后针对考试必背的篇目,尤其是文言文进行抽背和抽默。在默写后当堂请学生相互批阅,错的及时更正。这样既让学生趁热打铁巩固知识,又能及时检阅晨间习读的效果,还有利于调动大家的积极性与自信心。

适时以优秀作文为契机,进行一次片段仿写,并在完成以后进行小组交流,推选组内比较优秀的片段,进行全班交流,再由其他同学做点评。对晨间习读活动中表现优秀的同学给予嘉奖,以调动学生的积极性。

(三)晨间习读具体安排

七年级上学期语文晨间习读一周共2次,根据教学要求与学生实际情况安排如下(见表10):

表10　七年级(上)语文晨间习读安排

次数周次	一	二
1	《表哥驾到》《顶碗少年》	《伤仲永》,每周一诗
2	优秀作文,《周处》	《社戏》,鲁迅的小说介绍
3	《滹沱河和我》,每周一诗	《藕与莼菜》,综合学习"寻根"记
4	优秀作文,《杜甫诗三首》	古诗诵读比赛
5	《卖炭翁》	《酬乐天扬州出逢席上见赠》《题破山寺后禅院》
6	优秀作文,《无题》	《壶口瀑布》,每周一诗
7	《小石潭记》	名篇名作,每周一诗
8	复习现代文考试重点篇目	以《我的少年梦》为题进行演讲比赛
9	前四单元每周一诗读、背、默	复习文言考试重点篇目
10	《老山界》,名篇名作	《永远执着的美丽》,每周一诗
11	优秀作文,《我为少男少女们歌唱》	《写给云》
12	《一句话》,每周一诗	课内现代诗朗诵比赛
13	名篇名作,《卖油翁》	《核舟记》
14	《口技》	每周一诗,优秀作文
15	《明湖居听书》	《愚公移山》《女娲补天》
16	《精卫填海》,每周一诗	《干将莫邪》
17	《普罗米修斯》	古希腊神话故事比赛
18	文言诗词考试重点篇目	考试

(四)预期效果

虽然晨间习读时间只有15分钟,但是相信通过坚持不懈的努力,持之以恒的开展,努力做到时效性与趣味性相结合,会给学生的语文学习、老师的语文教学带来新气象、新成效。

其一,可以拓宽学生的视野,提高学生学习语文的积极性,为课堂内容的有效实施创造条件。

其二,基础知识得以夯实,字音、节奏得以改观,有利于师生间、生生间的交流,有利于提高学生的表达能力、组织能力、表现勇气。

其三,可以增强学生对文章整体思路的把握,增强学生语言表达的准确性。在写作方面,学生可以丰富写作内容,清晰写作思路,提升语言表达能力。

"一日之计在于晨",短短15分钟的晨间习读可以变得丰富、有意,甚至可以成为我们老师提高语文教学有效性的一个有力途径,需要我们做的就是科学规划,踏实践行。

七年级(下)语文晨间习读计划

编写者:王静燕 顾蕊

(一)晨间习读内容

1. 课内重点篇目:主要是必读与必背的重点篇目。即将学的,作一定的预习;已学过的,作巩固性的复习。

2. 课外阅读篇目:可分为读本上的自学篇目和读本外的名家名篇。让学生阅读这些文章,能够有效地拓宽他们的视野,弥补因课程任务太重而导致的阅读量的不足;同时还能够让学生摆脱那种想拓展阅读但又不知读什么的迷茫窘境。

3. 优秀范文:主要是优秀作文,包括优秀竞赛作文及印发的学生习作中的范文。读同龄人的优秀作品使学生有亲切感,容易借鉴,从内容到手法到语言都能得到启发。引导学生诵读优秀作文,这些作文中的顺畅思路和优美语言能够不断地同化学生的内部思维,有助于他们写作时思路也跟着顺起来,语言也跟着美起来,这一点尤其有助于作文基本功较差的学生和"惧怕"写作文的学生。

需要补充的是,除了诵读课文外,还要根据课文学习和教学的要求,适时地进行调整与补充晨间习读的具体内容。如现代文需补充读重要的注释、作者简介、写作背景等,文言文需读重点字词解释、句子翻译、文学常识等,优秀范文还需特别读重点、好句、好段等。

(二)晨间习读形式

由于七年级的学生自觉性较差、注意力集中的时间有限,较排斥一成不变的形式,但又爱自我表现,所以我们把15分钟的晨间习读时间分为两大块:前5分钟开展"今天我主播"的活动,即学生个人上讲台为大家做一个简短的演讲,内容与形式不作具体规定,只要是有利于语文学习就行。后10分钟,同学们在班干部的带领下,根据老师的计划进行全班的诵读。此外,每月举行一次规定主题的演讲或诵读比赛,由学生自主报名,其他同学对其进行打分点评,再结合"今天我主播"的表现,每月评出一名"演讲之星"。

这样的安排既使晨间习读形式多样化、内容丰富化,增强了趣味性,也让学生对晨间习读多了一分期待感、新鲜感与参与感,更重要的是培养锻炼了学生的表达力、表现力,拓展了学生的知识面与视野。

根据七年级下学期的教学内容,与学生语文学习的现状,更依据语文学科的特点,初步设计了以下几种晨间习读方式:

现代文:听录音跟读、师生个别范读、散读、分角色朗读、小组读、男女声读、齐读。

文言古诗:听录音跟读、师生个别范读、散读、小组读、男女声读、齐读、抽背、齐备。

名篇名作:听录音跟读、师生个别范读、齐读、交流。

优秀范文:散读、交流、齐读。

通过多种读书方式,学生在读书时可保持一种亢奋状态。同时,通过不同的读书方式,加深学生对所读内容的记忆、理解,达到巩固强化的作用。

此外,晨间习读除了"读"以外,我们还应强调"读"的效果,所以在"读"后针对考试必背的篇目尤其是文言文进行抽背和抽默。在默写后当堂请学生相互批阅,错的及时更正。这样既让学生趁热打铁巩固知识,又能及时检阅晨间习读的效果,还有利于调动大家的积极性与自信心。

(三)具体安排

七年级下学期语文晨间习读一周共2次,根据教学要求与学生实际情况安排如下(见表11):

表11 七年级(下)语文晨间习读安排

周次\次数	一	二
1	《山中访友》《溪水》	《你一定会听见的》,每周一诗
2	优秀范文《陋室铭》	朱自清散文《背影》
3	《秋天的怀念》,每周一诗	史铁生作品《爸爸的花儿落了》
4	优秀范文《爱莲说》	散文诵读比赛
5	《七根火柴》	《老北京的小胡同》
6	《安塞腰鼓》	《上海的弄堂》《水乡茶居》
7	每周一诗,《王顾左右而言他》	《公输》
8	每周一诗,现代文考试重点篇目	以《____,我想对你说》为题进行演讲比赛
9	前四单元每周一诗读、背、默	文言考试重点篇目
10	《大自然的语言》	《旅鼠之谜》,每周一诗
11	《蝶恋花》	《苏轼词二首》
12	《浣溪沙》《采桑子》《卜算子》	诗词诵读比赛

续表

周次＼次数	一	二
13	《如梦令》	《曹刿论战》
14	《邹忌讽齐王纳谏》	每周一诗,优秀范文
15	《初航》	《小人国被俘》《了不起的粉刷匠》
16	每周一诗,优秀范文	经典小故事演讲比赛
17	每周一诗,名篇名作	现代文考试重点篇目
18	文言诗词考试重点篇目	考试

（四）预期效果

虽然晨间习读时间只有15分钟,但是相信通过坚持不懈的努力,持之以恒的开展,努力做到时效性与趣味性相结合,会给学生的语文学习、老师的语文教学带来新气象、新成效。

其一,可以拓宽学生的视野,提高学生学习语文的积极性,为课堂内容的有效实施创造条件。

其二,基础知识得以夯实,字音、节奏得以改观,有利于师生间、生生间的交流,有利于提高学生的表达能力、组织能力、表现勇气。

其三,可以增强学生对文章整体思路的把握,增强学生语言表达的准确性。在写作方面,学生可以丰富写作内容,清晰写作思路,提升语言表达能力。

"一日之计在于晨",短短15分钟的晨间习读可以变得丰富、有意,甚至可以成为我们老师提高语文教学有效性的一个有力途径,需要我们做的就是科学规划,踏实践行。

八年级语文晨间习读计划

编写者:郭惠萍　高　红　周丽君

(一)具体目标

1. 培养学生的注意力和记忆力。

2. 营造浓厚的阅读氛围,提升学生语文水平,培养学生良好的语文素养。

3. 培养学生读书兴趣并培养学生持之以恒、百折不挠的意志和毅力。

(二)晨间习读内容

1. 教材重点篇目:包括现代文和文言文,这些是需要我们学生沉浸其中体验感悟的。通过反复的诵读,悟出其义、其情。即将学的,作一定的预习;已学过的,作巩固性的复习。

2. 教材辅读材料:这些材料,出现在教科书中,实际上它也有很强的教学教育意义,只不过课堂时间有限,常常被忽视,通过晨间习读,可以对教材的重点篇目,做一个拓展延伸,使学生能更深层次的领悟单元主题、单元教学内容、单元重点,有拾遗补阙的作用。

3. 报纸杂志:学生中,像《中文自修》《新读写》几乎是人手一本,由于学习任务的繁重,订的杂志基本没时间看,很多指导性很强专家的文章、同龄人的优秀范文,与学生失之交臂,非常可惜,所以挑选有关文章安排早晨诵读,对于提高学生的阅读能力、写作水平有很大的帮助。

4. 教师自己编印的经典古诗文名句:这些内容是对教材内容的有益补充,对于提高学生的文学积淀、文学修养,最终提高学生的写作水平是大有裨益的。

需要补充的是,除了诵读课文外,还要根据课文学习和教学的要求,适时地进行调整与补充晨间习读的具体内容。如现代文需补充读重要的注释、作者简介、写作背景等,文言文需读重点字词解释、句子翻译、文学常识等,优秀范文还需特别读重点好句、好段等。

(三)晨间习读形式

1. 现代文:听录音跟读、师生个别范读、散读、分角色朗读、小组读、男女声读、齐读。

2. 文言古诗:听录音跟读、师生个别范读、散读、小组读、男女声读、齐读、抽背、齐备。

3. 经典古诗文名句:齐读、交流;轮流读、背(一人读上句,一人读下句;或一人背上句,一人背下句)。

4. 优秀范文:散读、交流、齐读。

朗读的形式应多样化。单调的阅读方法会使学生读得口干舌燥,昏昏欲睡。要适当地创设情境和气氛让学生愿读、乐读、争着读,使学生感受到朗读的乐趣。当然,朗读中要注意同学之间的合作学习,可以组织小组间合作阅读,你读我听,我读你听,互相背诵,充分调动学生读书的积极性。

(四)具体安排

八年级语文晨间习读一周共2次,根据教学要求与学生实际情况安排如下(见表12):

表12 八年级语文晨间习读安排

周次＼次数	一	二
上学期		
1	冰心作品《笑》	林莉作品《小巷深处》
2	单元经典古诗2首	《中文自修》优秀范文
3	王嘉鹏作品《我不是懦夫》	经典文言文《生于忧患、死于安乐》
4	单元经典古诗2首	《新读写》优秀范文

续表

周次\次数	一	二
5	陆游《诉衷情》	辛弃疾词二首
6	单元经典古诗 2 首	《中文自修》优秀范文
7	经典文言文《孔孟论学》	经典文言文《黄生借书说》
8	单元经典古诗 2 首	《新读写》优秀范文
9	吴刚作品《罗布泊,消逝的仙湖》	徐刚作品《大芦荡,你还在守望吗?》
10	期中考试古诗文篇目	《中文自修》优秀范文
11	单元经典古诗 2 首	《短章一束》
12	孙德武作品《西部畅想》	经典文言文《潍县署中寄舍弟墨第一书》
13	单元经典古诗 2 首	《新读写》优秀范文
14	《威尼斯商人》	《陈毅市长》
15	单元经典古诗 2 首	《中文自修》优秀范文
16	契诃夫作品《变色龙》	莫泊桑作品《我的叔叔于勒》
17	单元经典古诗 2 首	诵读比赛
18	期末考试古诗文篇目	新读写优秀范文
下学期		
1	《最后一课》《别云间》	《五月卅一日急雨中》《十一月四日风雨大作》
2	《我爱这土地》	朱自清散文《向中国人脱帽致敬》
3	《夏衍的魅力》《贾生》	茅盾作品《忆冼星海》
4	《木兰诗》	散文诵读比赛
5	《巢谷传》	《不求甚解》《蜀相》
6	《卖柑者言》	《事物的正确答案不止一个》

续表

周次\次数	一	二
7	《关汉卿曲二首》	《天净沙·秋》
8	《过松源》《淮中晚泊》	《天净沙·秋思》《寿阳曲·远浦帆归》
9	《沉醉东风·渔夫》	文言考试重点篇目
10	《水仙子·咏江南》	《血染的丰碑》《无衣》
11	《满江红》	《沉船之前》《无衣》
12	《外婆的手纹》《孤桐》	诗词诵读比赛
13	《雁》	《晋祠》《步出夏门行》
14	《黔之驴》	《秦俑漫笔》
15	《黠鼠赋》	《达·芬奇〈最后的晚餐〉》《题郑防画夹》
16	每周一诗,优秀范文	演讲比赛
17	每周一诗,名篇名作	现代文考试重点篇目
18	文言诗词考试重点篇目	考试

晨间习读活动是对八年级学生进行语文素养教学的有效载体,同时也有利于学生树立正确的人生观和道德观,我们将按计划并根据实际情况以满腔的激情开展此项活动。

六年级(上)英语晨间习读计划

编写者:刘雅芬　朱　红

(一)晨间习读目的

1. 培养学生健康的生活方式和积极向上的心态。
2. 提高学生的外语学习兴趣和外语听说能力。

3. 营造外语学习氛围,促进良好学风的形成。

(二)晨间习读对象

六年级全体学生。

(三)晨间习读时间和地点

晨间习读时间:每周一至周五早上 7:15—7:40。

晨间习读地点:各班所在教室。

(四)晨间习读细则

1. 晨间习读内容由各班英语课任教师在前一次结束时确定,可以是课本内容,也可以是英语辅导报、外语单词等。下次英语课时教师组织课堂检查。

2. 晨间习读任务完成情况纳入学生英语课程平时成绩。

3. 学期末评选优秀晨间习读学生,并予以表扬。

(五)具体安排

根据教学要求与学生实际情况,做以下安排(若有不妥再根据实际情况作调整,见表 13):

表 13　六年级(上)英语晨间习读安排

周次	内　　容
1	Meeting People
2	作文范文,Getting to Know Each Other
3	Talking About Families
4	作文范文,A Day at School
5	School Rules
6	作文范文,Showing Ms Stone Around the School
7	附录 Grammar:English Phonetic Symbols
8	附录 Grammar:Countable and Uncountable Nouns
9	第一、二单元单词和词组以及句型读、背、默

续表

周次	内容
10	What are Your Favourite Food and Drinks
11	英语辅导报 H
12	Discussing What to Eat
13	英语辅导报 H
14	英语辅导报 H
15	Talking About a Party
16	作文范文：A Picnic
17	Vocabulary
18	附录：Modal verbs，第三单元单词和词组以及句型读、背、默

（六）预期效果

虽然晨间习读时间只有25分钟，但是相信通过坚持不懈的努力，持之以恒的开展，经过一学期的朗读训练，学生们将养成开口读英语的好习惯，形成一定的语感，增强口头表达能力，提高学习成绩。

其一，激发兴趣、形成习惯。

在初学英语阶段，尤其对六年级学生来说，朗读是十分必要的。在英语晨间习读课上，我们创设各种方法让学生朗读而不使其感到厌倦。如将每一节晨间习读课划分成几个时段，每一个时段都提出具体的任务和目标。

其二，加强记忆，培养语感。

学习需要记忆，尤其是英语学习需要重复记忆。"重复是学习的母亲。"不断地重复朗读，可以加深对所学知识的记忆。曾经有位同学说："老师，有一选择题我不太有把握，我反复地把这道题读了几遍，一直把它读得顺口了才将答案定下来。结果，我选对了。"

这表明她对这句话有了语感,是朗读起了作用。她已形成了良好的语感,进而做到正确地运用语言。所谓"熟读唐诗三百首,不会作诗也会吟",就是这个道理。

其三,提高口语水平,增强表达能力。

朗读具有读的因素,又具有口语的因素。著名外语专家许国璋说过,学外语要眼尖、耳明、嘴勤、手快。只要多读、多记、多写,自有水到渠成之日。许多学生学习外语只精通题海战术,不肯开口,不愿意读,耳不明,嘴不勤,手不快。因此,教师应鼓励学生开口,要求学生出声读,大声读对话、课文。我要求学生在朗读的同时,注意短语和习惯用法,注意在具体的语言环境中体会词句的用法和区别,再通过模仿录音带中的语音、语调进行朗读训练,这样就可逐渐达到用现成的语言来表达自己的思想。

"一日之计在于晨",短短25分钟的晨间习读可以变得丰富、有意,甚至可以成为我们老师提高英语教学有效性的一个有力途径,需要我们做的就是科学规划,踏实践行。可见,在英语学习中,晨间习读是十分重要且是非常有好处的。

六年级(下)英语晨间习读计划

编写者:陈　燕　赵凌清

学习英语就是学习语言,其目的是能说话,能交谈,所以必须经常练习朗读,练习口语,这样才能运用自如。但是在目前的英语学习条件下,学生学习时缺乏一个能得到充分练习的语言环境。大部分学生平均每天课堂外朗读英语的时间普遍低于一小时,有的学生甚至每天朗读英语少于半小时。这时教师如不及时加以督促,有的学生可能会逐渐失去对英语的学习热情。

多年的教学实践,让我深深地感到,抓好英语晨间习读课对提高学生的英语水平有很大的积极作用。

为了使学生对晨间习读重视起来,我们要求自己每次晨间习读提前 10 分钟进入教室,使得学生能够提前进入状态,养成良好习惯。同时,我们反复巡查,有时遇到比较难读的句子,就重点指导,亲自领读,让学生反复模仿,争取每一个学生学会。在引导学生读的同时,适时地引导其记忆单词、短语、句子,这种记忆由少到多,逐步积累,进而转化为学生自己的知识储备,在生活中能灵活运用。

考虑到六年级学生的特点,即生理趋向成熟但心理依然停留在儿童期的特点,在制订计划的过程中我们作如下要求:

(1)晨间习读应该多读课文。课文都是经过精心编写的,多读能熟悉发音,快速提高语感,这样可以提高学生的答题能力。

(2)晨间习读可读听力课文。将听和读紧密结合,可相辅相成,事半功倍。

(3)晨间习读可朗读一些自己已读懂、读通、了解了意思的经典美文、应试范文等,这样有助于提高学生的写作能力。

六年级下学期晨间习读每周共 2 次,根据教学要求与学生实际情况,具体安排如下(见表 14):

表 14 六年级(下)英语晨间习读安排

周次\次数	一	二
1	读默 U1L1 词汇表及课文(分角色)	读默 YLE 知识点,配合听力
2	读默 U1L2 词汇表及课文(分角色)	读默 YLE 知识点,配合听力
3	读默 U1L3 词汇表及课文(分角色)	读默 YLE 知识点,配合听力
4	读默 YLE-A 知识点及作文范文	读默作文范文,配合听力
5	读默 U2L1 词汇表及课文(分角色)	读默 YLE 知识点,配合听力
6	读默 U2L2 词汇表及课文(分角色)	读默 YLE 知识点,配合听力

续表

周次\次数	一	二
7	读默 U2L3 词汇表及课文（分角色）	读默 YLE-B 知识点，配合听力
8	读默 YLE-Mid 知识点，配合听力	读默作文范文，配合听力
9	读课文笔记（提问，抽查）	读课文笔记（提问，抽查）
10	读课文笔记，复习迎考	读课文笔记，复习迎考
11	读默 U3L1 词汇表及课文（分角色）	读默 YLE 知识点，配合听力
12	读默 U3L2 词汇表及课文（分角色）	读默 YLE 知识点，配合听力
13	读默 YLE-A 知识点及作文范文	读默作文范文，配合听力
14	读默 U4L1 词汇表及课文（分角色）	读默 YLE 知识点，配合听力
15	读默 U4L2 词汇表及课文（分角色）	读默 YLE 知识点，配合听力
16	读默 U4L1 词汇表及课文（分角色）	读默 YLE 知识点，配合听力
17	读默作文范文，配合听力	读默 U3、U4 YLE 重要知识点
18	读课文笔记（提问，抽查）	读课文笔记，复习迎考

七年级（上）英语晨间习读计划

编写者：陈桂英　刘　宇

作为交流和交往的必要工具的英语，注重听、说、读、写四项技能，培养读和写尤其重要。

农村中学的学生英语水平参差不齐，只有加强"读"这一环节的训练，才能促进听、说、写等环节的进一步提高，所以要在晨间习读课上下功夫，培养学生的语感和听说读写的能力，提高学生成绩。

从认知心理学的角度来说，中学生时期是一个人的记忆力最好的时期。早晨又是他们记忆力最好的时间。在这个时间朗读英语、拼读单词、背诵课文或练习语音语调等，能在短时间内收到事半功倍的效果。这就要求任课教师联系授课进度，把每次晨间习读的内容、方式、目标和教学有机地结合起来，布置好任务，让学生有目的、有计划地进行朗读，充分发挥其积极主动性，提高其学习效率。

（一）采用多样的晨间习读方式

一是朗读。朗读是生理活动向心理活动的转化，即"内化"。英语朗读能够体现出英语教学的真谛。大量准确的朗读能够促进听力和口语的进一步完善，有益的朗读更能够充分提高阅读和写作水平。英语朗读的方式有：英语老师范读、英语老师领读（顺序朗读、扩展朗读和意群朗读）、跟读录音、伴随情景朗读、齐声朗读、背诵，等等。

二是默读。默读是一边用眼睛追逐文字，一边快速理解其中的意思。默读能明显地提高阅读速度，有助于正确而深入地理解阅读材料。晨间习读的时候将朗读和默读有机地结合起来，交替进行，加之以全身心的投入，自然会取得理想的效果。

三是听英语课文磁带，跟着磁带节奏默读英语句子。"step by step"，逐步听清句子中的英文单词，并且跟着录音节奏表达英语句子，一边听，一边说英语。

四是在适时条件下，听一首英文歌曲，大声跟唱，以培养学生的听力，让他们享受纯正英语的乐趣。

（二）优化晨间习读内容

一是课文、时文、原著朗读。师生对课文中出现的重点单词、词组、句型、语法、交际用语等进行归纳总结，然后学生晨间习读，做到夯实基础，温故知新。所谓时文是指富于时代气息、体现时代特点的文章，通过组织学生晨间习读，让学生及时了解发生在地球村的奇闻轶事，把握时代的科技进展，增强学生搜集信息、处理信息的能力。原著朗读能让学生接触地道的英语，增强用英语思维的能力,如现阶段的"Expo"主题,让学生课外整理有关材料,并在晨间习读时向全班表述,以扩大大家的眼界。

二是诗歌诵读。诗歌短小精悍,语言简练优美,加之尾韵富有节奏,读来朗朗上口,特别容易记忆,因而学生通常乐于学习诗歌。简短的诗行中往往蕴含着丰富的哲理和智慧,这些都很容易使学生自觉地进入欣赏者的角色。

三是名言诵读。学生通过诵读励志名言,不仅可得到鼓舞,而且能学到很多新单词和英语惯用法,对英语写作有一定促进作用。如:Where there is a will, there is a way.

四是范文背诵。对学生的作文进行批改后,挑选优秀的文章让学生进行朗读并背诵,品味语言的精华,提高自身的写作能力。

晨间习读设计应依据"源于教材,高于教材"的理念,结合教材每单元的主题特点和中学生的特点,以英语新课程标准的理念调整英语晨间习读的策略,进行英语晨间习读的优化设计,让学生通过亲身体验、实践、探究等活动,充分发挥潜能,形成有效的学习策略,提高自主学习能力。

(三) 具体安排

七年级上学期英语晨间习读一周共 2 次,根据教学要求与学生实际情况安排如下(若有不妥再根据实际情况作调整,见表 15):

表 15 七年级(上)英语晨间习读安排

周次\次数	一	二
1	U1L1:Choosing a Flat 课文词汇	课文重要知识点和重点句型
2	U1L2:New Housing Estates 课文词汇	课文重要知识点和重点句型
3	英语作文赏析	英语练习卷重要知识点和重点句型

续表

周次\次数	一	二
4	U1L3：Making Our Home Greener 课文词汇	课文重要知识点和重点句型
5	第一单元知识点的巩固复习	英语辅导材料重要知识点和重点句型
6	U2L1：National Holidays 课文词汇	课文重要知识点和重点句型
7	U2L2：Festivals in China 课文词汇	学唱英文歌曲
8	课文主题英语作文大赛	英语卷练习重要知识点和重点句型
9	U2L3：Christmas 课文词汇	课文重要知识点和重点句型
10	期中考试复习内容	英语欣赏和练习
11	U3L1：Planning for a Holiday 课文词汇	课文重要知识点和重点句型
12	U3L2：Booking a Package Tour to Beijing 课文词汇	课文主题英语作文赏析
13	英语欣赏和练习	课文重要知识点和重点句型
14	U3L3：Introducing Shanghai 课文词汇	学唱英文歌曲
15	U4L1：Snow White and the Seven Dwarfs 课文词汇	观看课文主题 video
16	U4L2：What's Your Favourite Book 课文词汇	课文重要知识点和重点句型
17	英语欣赏和练习	课文重要知识点和重点句型
18	期末考试复习内容	考试复习内容

(四)预期效果

虽然晨间习读时间仅仅只有15分钟,但是相信通过坚持不懈的努力,持之以恒的开展,努力做到时效性与趣味性相结合,会给学生的英语学习、老师的英语教学带来新气象、新成效。

其一,可以拓宽学生的视野,提高学生学习英语的积极性,为课堂内容的有效实施创造条件。

其二,基础知识得以夯实,字音、节奏得以改观,有利于师生间、生生间的交流,有利于提高学生的表达能力、组织能力、自我表现能力。

其三,可以增强学生对文章整体思路的把握,增强学生语言表达的准确性。在写作方面,学生可以丰富写作内容,清晰写作思路,提升语言表达能力。

教师要在晨间习读课中充分调动学生的主体性。学习英语本是一乐事,我们要努力走出晨间习读课的一些误区,让晨间习读课精彩起来,让学生在兴趣的海洋里快乐地掌握知识、培养能力。"一日之计在于晨",让有效的学习从晨间习读开始。抓好"晨间习读",就可以让学生在一天中记忆力最好的时刻有效地学习,让一天的学习活动变得轻松愉快。因此教师要在抓好课堂教学的同时,抓好晨间习读,让学生有效晨间习读。

七年级(下)英语晨间习读计划

编写者:赵姝蔚 刘 宇

(一)指导思想

搞好英语教学有很多重要环节,首先英语教学要重视朗读,要让学生充分地读,在读中整体感知,在读中培养语感,在读中受到情感的熏陶。说一口流利而地道的英语是每一个英语学习者所渴望的,而准确的发音、优美地道的语音语调在平时的课堂上是难以得到充分练习的。因此,晨间习读是英语学科教学中的一个重要的环节,我们可以利用清晨良好的自然条件,让学生在头脑清醒、记忆力好、精力旺盛的条件下,有效地利用"读"的方式来提高他们的英语学习的效果。

(二) 具体情况分析

七年级(1)班共有学生41名,学生的听说读写能力发展并不平衡,听说能力较弱,只有少部分同学能够抓住所听语段的关键词,理解句子之间的逻辑关系,能听懂正常语速的故事或记叙文,了解其中主要人物和事件以及他们之间的关系。在口语方面,他们基本上不能用英语传递信息并发表看法,不能有条理地描述个人体验和表达个人的见解,不能用英语进行情景对话和短剧表演。所幸的是,他们的语音语调基本正确。

(三) 具体目标

1. 让学生听到自己的读音,明确自己发音是否正确。

2. 熟记大纲要求的词语,记住一定量的句子及句型,为英语写作打下基础。

3. 养成良好的阅读习惯,形成较好的语感,从而较好地理解阅读文章。

(四) 具体措施

1. 对于新单词,先让学生根据音标自己拼读,老师更正并领读,学生再进行自读,并通过听录音反复朗读。

2. 朗读课文,布置一定问题再读,可以进行齐声读、分组朗读、比赛朗读。同时,充分发挥学生的主观能动性,在大部分学生基本会读单词的情况下,要求个别阅读能力较高的同学进行领读,使所有同学都熟练单词。

3. 对教材中优美的句子进行熟读并定期进行检查,使其转化为学生自己内在的东西。

4. 每一单元选择 40~50 个词组,要求学生进行背诵,然后听写,做好对所学教材内容的强化。

(五)具体安排

英语的晨间习读一周共 2 次,根据教学要求与学生实际安排如下(见表 16):

表 16　七年级(下)英语晨间习读安排

周数	星期	具体内容和目标
一	一	教读 U1L1 中的新词汇,让学生对新单元的词汇有所了解,并能在熟读的基础上,掌握有关天气的词汇
	三	播放 U1L1 中的 Text 部分录音,要求学生跟读,培养他们的语音语调
二	一	教读 U1L2 中的新词汇,让学生对新单元的词汇有所了解,并能在熟读的基础上,掌握有关季节的词汇
	三	熟读讨论季节和天气的句型,并快速应答
三	一	教读 U1L3 中的新词汇,让学生对新单元的词汇有所了解,并能在熟读的基础上,掌握有关太空的词汇
	三	播放 U1L3 中的 Reading 部分录音,要求学生先听后跟读,培养他们的听力
四	一	复习 U1 重点单词和词组并默写
	三	听读与 U1 有关的听力材料和阅读材料,锻炼听力与口语能力
五	一	教读 U2L1 的新词汇,让学生对新单元的词汇有所了解,并能在熟读的基础上,掌握有关看病的词汇
	三	掌握有关看病的句型,并看图对话,做角色扮演
六	一	教读 U2L2 中的新词汇,让学生对新单元的词汇有所了解,并能在熟读的基础上,掌握健康饮食的词汇
	三	朗读 U2L2 课文,并分角色扮演课文
七	一	教读 U2L3 中的新词汇,让学生对新单元的词汇有所了解,并能在熟读的基础上,掌握健康饮食的词汇
	三	听写 U2L3 的重点词组和句型,并做对话操练

续表

周数	星期	具体内容和目标
八	一	复习U2单词,朗读,并要求同学看中文或图片说单词
	三	复习U2重点词组和句型并默写
九	一	教读U3L1中的新词汇,让学生对新单元的词汇有所了解,并能在熟读的基础上,掌握与未来职业有关的词汇
	三	听写与未来职业有关的词组,然后熟读课文
十	一	教读U3L2中的新词汇,让学生对新单元的词汇有所了解,并能在熟读的基础上,掌握健康饮食的词汇
	三	熟读背诵U3L2重点词组,并默写
十一	一	复习U3单词及重点词组
	三	反复朗读U3课文
十二	一	教读U4L1中的新词汇,让学生对新单元的词汇有所了解,并能在熟读的基础上,掌握艺术节的词汇
	三	朗读并表演课文,默写课文中的重点词组
十三	一	教读U4L2中的新词汇,让学生对新单元的词汇有所了解,并能在熟读的基础上,掌握运动会的词汇
	三	朗读并背诵运动会的词组及句型并默写
十四	一	教读U4L3中的新词汇。让学生对新单元的词汇有所了解,并能在熟读的基础上,掌握世界杯的词汇
	三	背诵重点词组及句型并默写
十五	一	复习U4单词,并再次默写检查
	三	复习U4重点词组及句型并抽默
十六	一	期末第一轮复习,默写检查U3、U4单词
	三	期末第一轮复习,抽默U3、U4重点词组
十七	一	期末第二轮复习,做相关听力测试(1)
	三	期末第二轮复习,做相关听力测试(2)
十八	一	本学期的重点和难点知识梳理(1)
	三	本学期的重点和难点知识梳理(2)

英语晨间习读课是学生学习英语的第二课堂,是教师组织好课堂教学的重要保障,是学生巩固所学知识的重要手段,是学生提高口语交际能力、提高综合素质、树立自信心的重要途径。我们应该重视英语晨间习读课的意义,有计划、有目的、有方法,持之以恒,让学生的晨间习读课精彩起来,在兴趣的海洋里快乐地掌握知识,培养能力,使英语综合水平有一个大的飞跃。

八年级(上)英语晨间习读计划

编写者:须春英 卢 红

晨间习读课是每天最早和学生见面的一节"小"课,虽然时间不长,但是非常重要,其目的在于利用清晨良好的自然条件,让学生在头脑清醒、记忆力好、精力旺盛的条件下,有效地利用"读"的方式来提高语言的学习效果。在这个时期大声地朗读外语、拼读单词、背诵课文或练习语音语调等,能在短时间内收到事半功倍的效果。"听、说、读、写"是英语学习的四大基本要素,这四个环节紧密联系,密不可分。就"读"而言,重视加强这一环节的训练,能促进听、说、写的进一步提高。因此,英语晨间习读课显得尤为重要。

(一)晨间习读的目标

晨间习读课最主要的任务当然是朗读与背诵,那么读什么、背什么、完成多少任务,都要在读之前先确立。没有明确的晨间习读任务,学生就没有压力,就会出现"晨间习读不读"或是"老师来了就读"的"光控灯"现象,晨间习读的实际效用就不会大。这就要求作为引导者的教师,一定要发挥指导与监督作用,在新学期开始时教师一定要强调晨间习读课的重要性与实用性,并指导学生如何进行晨间习读,如何将晨间习读充分有效地利用起来。

每节课前,为学生布置任务,让学生有目的地去开展工作,使他们做到有的放矢,充分发挥其积极主动性,提高其学习效率。确立每节课的目标,不能好高骛远,要根据班级的实际情况来确定。

1. 进行新课时,晨间习读读生词,读学过的对话、课文。其实学习新课时大都是这样处理的。刚学的东西,总要读一读、背一背,这是常理。但光读还不够,还需要默写、背诵。我觉得学习英语,最重要的是要养成背诵生词、短语、知识点的习惯,并进一步让学生养成习惯。中国人学习英语缺少必要的语言环境,怎么办?主要靠多读、多记来学得知识。所以学习英语,养成好的读书习惯、背诵习惯非常重要。

2. 复习阶段,生词依然要背,短语、知识点也依然要背。尤其是生词,必须过关。为什么?因为就英语的生词来说,学生比较容易遗忘,背完了一遍,甚至几遍,过不多久,还会忘记。因此生词要反复地记,记完就默写。

(二) 具体安排

八年级上学期英语晨间习读一周共2次,根据教学要求与学生实际情况安排如下(见表17):

表17 八年级(上)英语晨间习读安排

周次\次数	一	二
1	读默 U1L1 词汇表词组	读默 YLE 知识点
2	读默 U1L2 词汇表词组	读默 YLE 知识点
3	读默 U1L3 词汇表词组	读默 YLE 知识点
4	读默 YLE-A 知识点	读默 YLE-B 知识点
5	读默 U2L1 词汇表词组	读默 YLE 知识点
6	读默 U2L2 词汇表词组	读默 YLE 知识点
7	读默 YLE-A 知识点	读默 YLE-B 知识点
8	读默 YLE-Mid 知识点	读默 U1YLE 重要知识点

续表

周次\次数	一	二
9	读默 U2YLE 重要知识点	考试
10	读默 U3L1 词汇表词组	读默 YLE 知识点
11	读默 U3L2 词汇表词组	读默 YLE 知识点
12	读默 U3L3 词汇表词组	读默 YLE 知识点
13	读默 YLE-A 知识点	读默 YLE-B 知识点
14	读默 U4L1 词汇表词组	读默 YLE 知识点
15	读默 U4L2 词汇表词组	读默 YLE 知识点
16	读默 YLE-A 知识点	读默 YLE-B 知识点
17	读默 YLE-Final 知识点	读默 U3YLE 重要知识点
18	读默 U4YLE 重要知识点	考试

虽然晨间习读时间仅仅只有 15 分钟,但是通过坚持不懈的努力,持之以恒的开展,一定会给学生的英语学习带来新气象、新成效。

八年级(下)英语晨间习读计划

编写者:季晓春

在平时的教学实践中,我们发现经常读书的同学,他们上课发言比较积极,相反,不爱读书的孩子就不太爱在课堂上展现自己,从这一点上我们至少可以认为经常读书的孩子比较自信,敢于大声表达。另外,一般经常读书的孩子成绩都比较稳定,大部分都是中上水平,我想这应该与他们平时的多读书是分不开的。因此我们制订了学期晨间习读计划,目的在于利用清晨学生头脑清醒、记忆力好、精力旺盛的特点,加强学生读的训练,培养学生良好的读书习惯,从而提高学生的英语水平。

(一) 具体要求

1. 保证人人都参与,形成良好的读书氛围。学生到校时间虽然参差不齐，但我们要求他们每天必须保证20分钟的晨间习读时间。这样，不但有利于学生每天进行记忆，而且也能形成良好的氛围，学生心目中会更加坚定地认识到英语这一门学科的重要性。

2. 布置好晨间习读任务，充分发挥学生的积极主动性。没有明确的晨间习读任务，学生就犹如一盘散沙，没有动力、目标，晨间习读的效果不会明显。因此，我们在每次晨间习读前，为学生布置好详细、有层次性的任务，让学生有目的地去开展晨间习读，使他们做到有的放矢，提高其学习效率。晨间习读目标，可以根据班级的实际情况，结合英语教学进度来确立。

3. 采取多样的晨间习读的方式，调动学生的读书兴趣。晨间习读，需要合理地组织安排，不可放任自流。教师要巡回进行检查并个别指导，鼓励学生大声地朗读，并注意语音、语调、停顿等。具体来说，可采用以下组织方法：(1)学生按自己的目标、计划自读。这样他们的心态是独立的、自由的，快慢由自己把握。(2)或领读，或齐读，或自读，互相带动，互相监督。(3)集体读。可以教师根据需要来领读，或者教师指定一名发音较标准、责任心强的学生领读。

4. 及时检查，以便引导学生调整自己的读书态度。有了详细的晨间习读任务和读的方式，不进行相应的检查，对学生还是起不到督导的作用。这就要求教师在分配任务后，应及时对学生的晨间习读情况进行督导和检查，以此来督促学生以更高的质量来完成晨间习读任务。

5. 培养和发挥小干部的积极作用。我们在班上安排了较负责任的晨间习读小组长，每天由一人具体负责。他们一般是英语基础较好、发音较准确的学生。在某种情况下，他们可以在晨间习读课上起主导作用。我们在前一天下午就布置好晨间习读任务，负责晨间习读的班干部将读的内容写在黑板上。第二天，负责晨间习读的班干部早到校，负责督促指导。教师在指导小组长时，由扶到放,慢慢培养学生的自我管理能力。

(二)具体安排

八年级下学期英语晨间习读一周共 2 次,根据教学要求与学生实际情况安排如下(见表 18):

表 18 八年级(下)英语晨间习读安排

周次 \ 次数	一	二
1	读默 U1L1 词汇表词组	读默 YLE 知识点
2	读默 U1L2 词汇表词组	读默 YLE 知识点
3	读默 U1L3 词汇表词组	读默 YLE 知识点
4	读默 YLE-A 知识点	读默 YLE-B 知识点
5	读默 U2L1 词汇表词组	读默 YLE 知识点
6	读默 U2L2 词汇表词组	读默 YLE 知识点
7	读默 YLE-A 知识点	读默 YLE-B 知识点
8	读默 YLE-Mid 知识点	读默 U1YLE 重要知识点
9	读默 U2YLE 重要知识点	考试
10	读默 U3L1 词汇表词组	读默 YLE 知识点
11	读默 U3L2 词汇表词组	读默 YLE 知识点
12	读默 U3L3 词汇表词组	读默 YLE 知识点
13	读默 YLE-A 知识点	读默 YLE-B 知识点
14	读默 U4L1 词汇表词组	读默 YLE 知识点
15	读默 U4L2 词汇表词组	读默 YLE 知识点
16	读默 YLE-A 知识点	读默 YLE-B 知识点
17	读默 YLE-Final 知识点	读默 U3YLE 重要知识点
18	读默 U4YLE 重要知识点	考试

九年级英语晨间习读计划

编写者：侯雪娣　陈妍蔚

（一）晨间习读的目的

学习语言最佳的办法就是尽可能多地使用语言。语言学专家研究证明，学习英语的过程中口语的表达是至关重要的。众所周知，"一日之计在于晨"，早晨是一个人思维最清晰的时候，是记忆的黄金时间，所以英语晨间习读对提高学生的英语水平是有很大帮助的，如果能够充分利用好晨间习读，可以达到以下目标：

1. 锻炼学生的朗读能力和培养学生的语感，让他们掌握一些符合英美语言特点的语音语调，提高他们正确的表达能力。

2. 通过背诵课文中的重点句子、段落，达到词、句、段、章的有效递进，进一步扩大词汇量。

3. 通过常用单词、词组、句型、交际用语等的过关训练，积累语言知识，为听说读写打下基础。

4. 通过针对性的听力训练，提高听力水平。

（二）晨间习读的内容

1. 背诵和朗读《英语学科基本要求》《考试手册》中的单词、词组、句型和习惯用法。

2. 熟读与掌握日常交际用语30个主题：(1)问候。(2)介绍。(3)告别。(4)打电话。(5)感谢和应答。(6)祝愿、祝贺和应答。(7)道歉和应答。(8)遗憾和应答。(9)邀请和应答。(10)帮助和应答。(11)请求允许和应答。(12)表示同意和不同意。(13)表示肯定和不肯定。(14)劝告和建议。(15)禁止。(16)约会。(17)看病。(18)常见标志和说明。(19)喜欢和厌恶。(20)问时间、日期的应答。(21)表示称赞。(22)表示感情。(23)就餐。(24)传递信息。(25)求救。(26)购物。(27)语言困难。(28)意愿。(29)约会。(30)问路与应答。

3.《英语辅导报》《教学与评估》中的听力试题。

（三）晨间习读的形式

1. 词汇的记忆。到了初三,学生必须掌握一定量的词汇,所以学生在晨间习读中要记单词,对于《英语学科基本要求》与《考试手册》要求掌握的词汇,大家可以对着单词表,先朗读再背诵,掌握每个单词的读法以及对单词的基本的了解,因为英语词汇的拼写与读音有很大的联系。最后再默写,正确掌握单词的拼写。

2. 背诵的技巧。学好英语在很大程度上离不开背诵这一传统的方法。学语言有一个从"死"到"活"的过程,"死"的东西多了,熟能生巧,慢慢就会变成"活"的知识。背诵就是原始的积累,可以帮助创建个人的语料库,语料丰富了,一旦掌握了运用技巧,就能随意提取,运用自如。学生背得越多,就会有越多的灵活的表达方式,就会有更高的英语口头表达能力、阅读理解能力以及综合运用语言的能力。

3. 朗读的形式。对于日常交际用语与优秀作文,可以让学生进行朗读。可以采用集体朗读、小组朗读、教师领读、学生领读、个人朗读等方法,使学生通过朗读,掌握一些符合英美语言特点的语音语调,提高口语表达能力。此外一些优秀作文也有必要大声朗读,因为书读百遍,其义自见,从而达到对词汇的理解与掌握,提高写作水平。

（四）晨间习读的安排

九年级英语晨间习读一周共 2 次,根据教学要求与学生实际情况安排如下(见表 19):

表 19　九年级英语晨间习读安排

周次＼次数	一	二
上学期		
1	读默 U1L1 词汇表及词组	《英语辅导报》听力训练
2	读默 U1L2 词汇表及词组	《英语辅导报》听力训练

续表

次数 周次	一	二
3	朗读 U1 词汇表及词组	《英语辅导报》听力训练
4	读默 U2L1 词汇表及词组	《英语辅导报》听力训练
5	读默 U2L2 词汇表及词组	《英语辅导报》听力训练
6	读默 U2L3 词汇表及词组	《英语辅导报》听力训练
7	朗读 U2 词汇表及词组	《英语辅导报》听力训练
8	读默《英语辅导报》知识点	《英语辅导报》听力训练
9	读默《英语辅导报》知识点	考试
10	读默 U3L1 词汇表及词组	《英语辅导报》听力训练
11	读默 U3L2 词汇表及词组	《英语辅导报》听力训练
12	读默 U3L3 词汇表及词组	《英语辅导报》听力训练
13	朗读 U3 词汇表及词组	《英语辅导报》听力训练
14	读默 U4L1 词汇表及词组	《英语辅导报》听力训练
15	读默 U4L2 词汇表及词组	《英语辅导报》听力训练
16	朗读 U4 词汇表及词组	《英语辅导报》听力训练
17	读默《英语辅导报》知识点	《英语辅导报》听力训练
18	读默《英语辅导报》知识点	考试
下学期		
1	《考纲》单词与词组的朗读、默写	《英语辅导报》听力训练
2	《考纲》单词与词组的朗读、默写	《英语辅导报》听力训练
3	《考纲》单词与词组的朗读、默写	《英语辅导报》听力训练
4	《考纲》单词与词组的朗读、默写	《英语辅导报》听力训练
5	《考纲》单词与词组的朗读、默写	《英语辅导报》听力训练
6	《考纲》单词与词组的朗读、默写	《英语辅导报》听力训练
7	《考纲》单词与词组的朗读、默写	《英语辅导报》听力训练

续表

次数 周次	一	二
8	《考纲》单词与词组的朗读、默写	《教学与评估》听力训练
9	《考试手册》单词与词组的朗读、默写	《教学与评估》听力训练
10	《考试手册》单词与词组的朗读、默写	《教学与评估》听力训练
11	《考试手册》单词与词组的朗读、默写	《教学与评估》听力训练
12	《考试手册》单词与词组的朗读、默写	《教学与评估》听力训练
13	《考试手册》单词与词组的朗读、默写	《教学与评估》听力训练
14	《考试手册》单词与词组的朗读、默写	《教学与评估》听力训练
15	《考试手册》单词与词组的朗读、默写	《教学与评估》听力训练
16	日常交际用语与范文朗读、背诵	日常交际用语与范文朗读、背诵
17	日常交际用语与范文朗读、背诵	日常交际用语与范文朗读、背诵
18	日常交际用语与范文朗读、背诵	日常交际用语与范文朗读、背诵

学习英语本是一乐事，我们要努力提高晨间习读课的质量，使之成为学生提高学习英语兴趣的一种催化剂，以此来促进他们英语成绩的提高。希望晨间习读课精彩起来，让学生把英语学得更好！

十三、附件·习读方法指导

语文诵读方法指导

金燕凤　郭惠萍

"一日之计在于晨"，早晨头脑清醒，正是诵读及记忆的大好时机。"书读百遍，其义自见""温故而知新"，我们不该浪费这短暂的晨读时间，应尽量做到每天清晨教室里"书声琅琅"。这就要培养学生良好的诵读习惯和诵读方法。

(一) 诵读习惯

1. "整顿几案"

大教育家朱熹曾这样描述诵读："凡读书,须整顿几案,令洁净端正。将书册整齐顿放,正身体,对书册,详缓看字。仔细分明读之,须要读得字字响亮。不可误一字,不可多一字,不可牵强暗记,只是多诵遍数,自然上口,久远不忘。"由于老师平日的忽视,不少学生桌面杂乱,学习用具散乱堆放,书包内课簿不经整理一塞了之,而抽屉更是"惨不忍睹"。"几案"得以"整顿",可促使学生专心致志于诵读上。学生养成"整顿几案"的良好习惯必将延及生活的其他方面,可以说是受益匪浅。

2. 声音"清""远""深""美"

为了使听者既能听清听懂,又能打动心灵,同时也为了打动自己,加深印象,朗读时尽量做到"清"(语言清晰准确)、"远"(一字一句传播得远)、"深"(含义深,有教育性)、"美"(语言优美动听,抑扬顿挫,有情感)。

(二) 诵读方法

辅导学生诵读,除了加强语言基础训练(如吐字、正音、练气、发声等)外,还要适当让学生掌握一些关于语言表达的基本知识。

1. 认识和理解作品内容

不管是诗还是其他形式的文学作品,都是作者有感而发的,学生如果不能感受作者所感受的东西,还怎么替作者讲话呢?因此首先应让学生了解作品写的是什么,表现的是什么。如《百合花开》是一篇寓言散文,特点是语言优美,富有哲理。秉着"教材不是孤本而是范本"的原则,应该让学生感受文章语言的优美和从中得到的启示。经过训练,能使学生正确、流畅、有感情地朗读课文,在朗读中逐层加深对文本的理解和情感的感受:人的一生中,挫折和失败是在所难免的。只要心中有了目标,并且矢志不移地朝着目标奋进,成功总会青睐于你!朗读时,应努力做到深情、真挚、淳朴、坚毅,把文章内蕴如实地表现出来。

2. 让形象在学生的脑中鲜活起来

如《诺曼底号遇难记》是一篇反映海难事件的文章,事件具体清楚,人物形象丰满,朗读这样的文学作品重点在于绘声绘色,使人听了如临其境,如见其人。因此,我们要根据作品所提供的材料,展开丰富的想象,迫使自己"看见"这一切,这样朗读起来才能亲切真实,才能打动听者之心。

3. 明确作品中语言的内容,形成对作品中人和事物的态度

有些学生朗读时语气平淡,结结巴巴,就是因为自己站在作品之外叙说,缺失对作品所抱的态度。朗读者只有把作者所写文章化为自己的思想和语言,以"我"的态度和语气讲述作品中的人物故事,表示自己对人物、事件的态度才能获得成功。如《方志敏》一文就需要满怀激情启发学生,尽量把作者的爱和恨,化为自己的爱和恨,化成自己的态度,这样,才能充分表现出对烈士无比崇敬和对敌人无比愤恨的思想感情。

诵读不仅要重视阅读过程的理性认识,如方法的掌握、认识能力的提高等,更要重视语文学习的基本规律的把握,注重感性认识,即诵读感悟。语文教育不仅仅都是技能的传授,更应当是生命的对话,"是主观感受的表达,是内心情感的流露,是个人见解和智慧的展现。语文教育的真正价值在于获取这种感受,体验这种情感,理解这种简洁,转化这种智慧,最终形成自己的丰富的世界"。所以在进行诵读中,必须重视诵读感悟。如《壶口瀑布》,可使用泛读、朗读、自由读、指名读、范读、快速读、领读、表演读等形式,引导学生读懂读通,读熟课文,使学生读得津津有味,读得有情有趣。通过读,让学生自己来理解课文的内容,感受课文语言的直观性和形象性,积累课文中的语言材料。熟读自然就能成诵,好的语句读

熟了、记住了，就会不知不觉地内化成学生自己的语言。由于读得熟，学生的感受也就很深，就能以导游的身份充满激情地讲说导游词，就能以播音员的身份有声有色地朗诵，就能以演员的身份形象生动地表演，就能以小诗人的身份将课文改写成自我情感流露的小诗。这实际上才算是达到诵读的最佳境界，诵读才有了真实意义上的效果。

总之，习惯和方法的正确培养，是诵读出效果、有意义的有力保证，学生只有真正掌握了，诵读才能促进语文教学，语文教学才能取得事半功倍的效果。最关键的是，诵读能形成我们学校良好的学习氛围。

英语诵读方法指导

季晓春　侯雪娣

对于农村学生学习英语来说，想提高英语口语能力，仅仅每周在课堂上利用少部分时间来练习是远远不够的。为了能让学生提高英语口语能力，巩固课堂上所学的知识，养成良好的晨读习惯是必不可少的。

英语学习实际上就是一种非自动的信息处理认知活动过程。该过程分为五个阶段：输入（input）→注意（attention）→分析（analysis）→记忆（memorization）→输出（output）。在外语学习过程中，输入为读和听；分析为语音分析、词法分析、句法分析、篇章分析和修辞分析；输出为写和说。今天我们在这里就具体说说读。就英语学习而言，晨读是个很好的习惯。俗话说，"拳不离手，曲不离口"，每天进行英语的晨读操练，对听说读写各方面能力的提高都是很有裨益的。

首先，英语晨读有利于培养学生的语感。英语是交际的工具，学生必须要敢说。由于我们生活在汉语氛围里，接触英语的信息量少,除课堂外,没有说英语的习惯和环境,因此怕说错而不敢说。为了克服学生怕说英语、懒说英语的情绪和心理障碍,我们首先从晨间习读着手。坚持晨间习读可以提高发音的准确性和语言的节奏感。语言是有节奏的,而节奏是英语首要的、最显著的特征。英语的节奏是句子的重音在句子中有规律出现的结果,多朗读就能感受到英语句子的流畅与优美。

其次,英语晨读有利于提高学生的听力水平。在英语活动中,学生获得的语言听力材料是短时记忆。如果只靠听,学生就很难准确无误地辨别出所听到的文字材料。如果没有或缺乏准确无误的朗读基础,就很难辨别出同音词、近音词,更不能辨听出连续、失去爆破、升降调等朗读技巧所带来的效果,从而影响对听力材料的领会和理解。反之,学生如果把所学过的词汇、长短句子乃至整篇文章通过朗读牢牢地储存在大脑里,遇到听觉重现时,就能迅速提取出有用的信息,从而提高英语听力水平。

第三,英语晨读有利于培养学生的英语思维。坚持朗读有助于培养学生的英语思维能力。英语思维靠英语语言作为载体,是英语世界的抽象化。英语是表音文字,准确无误地朗读课文和相应的阅读材料,使学生不断地接触英语,久而久之,学生的语感就会不断增强,英语的思维能力也能得到逐渐培养。

晨读的方式方法需要合理地组织安排,不可放任自流。教师可巡回检查并辅导个别提问,鼓励学生大声地朗读,并注意语音、语调、停顿等。以下方法可采用。

一是学生按自己的目标、计划自读。这样他们的心态是独立的、自由的,快慢由自己把握。如此可以避免一些英语水平较高的学生"吃不饱",而一些水平较差的学生"跟不上"的情况。这种方法可以根据学生个人的具体实际情况,补漏补差。

二是以学习小组(四人为宜)为单位,或领读,或齐读,或自读,或对话,互相带动,互相监督。这样可以调动学生的积极性,更好地提高早读质量。比如,我们班有40个同学,我将他们分成10个小组,让每个小组中学习好并且口语好的同学担任组长,在小组长的带领下,大家互学互助,效果很好。

三是集体读。可以是教师根据需要来领读,可以是教师指定一名发音较标准、责任心强的学生领读。领读的学生一般为课代表,有时候还可以根据班级情况按天次指定不同的学生领读,以提高学生的积极性。如果学生自我管理能力强,教师可以不在场,这样可以锻炼学生的自主管理能力。

四是以游戏的方式完成晨间习读。这里我介绍一种"抢读—翻译"法。"抢读—翻译"法是用来活跃课堂气氛的一种好方法。有时,学生对读的内容无精打采,不感兴趣,这时可以用这种方法来调节气氛。

"抢读—翻译"法的具体做法是事先讲好"游戏"规则。比如,从第一个学生开始,抢读文章的两句(当然也可以是一句,也可以是一个段落),第二个学生站起来翻译所读的内容,第二个学生可以是由第一个学生点名的,也可以是他或她的同桌,或前排或后排的学生,这在"游戏"规则中先宣布。第三个学生继续抢读文章的第三、第四句……以此类推。例如:

学生1:A farmer went to town to sell his vegetables. But it was snowing that afternoon that there were few people in the street.

学生2(学生1的同桌):

一个农民去镇上买蔬菜。但是那天下午下着雪,街上几乎没有人。

学生3(学生2的前排):When his vegetables were sold out, it was dark. On his way home, he saw a man lying in the snow.

学生4(学生3的后排):当他的蔬菜卖完的时候,天色暗了下来。在他回家的路上,他看见一个男人躺在雪地里。

……

通过这种方法,能够变枯燥乏味的阅读为有趣的、愉悦的教学活动,并和谐彼此间的关系。

俗语说:"拳不离手,曲不离口。"拳师每天要练拳,歌手每天要练嗓子。我们学习英语也要坚持朗读。只要每天坚持朗读二三十分钟,持之以恒,就能使舌头听从大脑的指挥,说出一口流利的英语。唯有不断训练,才能提高语言技能,不断进步。

十四、附件·教师随笔
吹响清晨的这第一声号角

王 珏

【教学背景】

早晨是学生大脑最清醒的时刻,也是学生阅读、记忆的黄金时间,因此把握好早晨的学习时间非常重要。然而,令人感到遗憾的是,有的班是"不变的早读课",有的班是"集体讲读课",有的班是"混乱的自由课"。

传统的语文早读课很容易出现这样的现象:有的学生抓起课本就读,读来读去是同一篇课文,没有重点,没有针对性;有的学生读书如小和尚念经,有口无心,读了老半天记不住东西;有的学生提不起精神,读着读着读出了睡意,头不知不觉滑到了一边。可见,这种早读课毫无意义。

【教学解释】

时代的发展要求学生形成新的学习方式。《语文课程标准》反对过于强调接受学习,死记硬背、机械训练,倡导学生主动参与、乐于探究、勤于动手,培养学生搜集和处理信息的能力、获取新知识的能力、分析和解决问题的能力,以及交流与合作的能力。《语文课程标准》还指出:"语文教学应激发学生的学习兴趣,注意培养学生的自主意识和习惯,为学生创造良好的自主学习情境,尊重学生的个体差异,鼓励学生选择适合自己的学习方式。"

晨间习读是课堂教学的有效补充,对学生学好语文具有很大的帮助作用。为避免晨间习读流于形式,应由班主任老师、任课老师或班干部主持朗读语文,管理、指导、帮助本班级中的学生学习或读书,让学生在有序的氛围中学会管理自己,逐渐形成良好的学风。

【情景描述】

7点进教室,大部分学生已经到了,有的在交作业,有的在打扫卫生,忙碌热闹。临近7点15分,我让语文课代表站在讲台前开始领读。

"请同学们把书翻到第一页,《祖父和我》,预备起……"声音小得可怜,估计只有她自己能听见。下面的同学茫然地看着她,没有动作,无奈,我只能要求她再说一遍。第二次情况稍好,下面的同学跟着读了,但是整体的声音很小,没有朝气,在我的要求之下,重复读了好几次,总算好了一些。于是,在这样的读书声中,晨间习读结束了。

针对这一情况,我提出了晨间习读的要求:每天7点15分开始,无论老师在不在,课代表开始领读,做到整齐、响亮,除了读课文以外,还可以读一些练习、课外的美文等,形式也可以多种多样,比如比赛读、吟诵读、接力读、分角色读等,并要求课代表与其他同学一起制订每天的计划,确定读的内容。

第二天7点15分,我来到教室,课代表已经开始领读了,声音比昨天响亮很多,但是只有齐读一种形式,而且只读课文。

第三天7点15分,远远就听见教室里书声琅琅,甚是欣慰,然而仍然只有齐读一种形式,而且只读课文。在我的提醒下,课代表开始领读一些练习、知识卡片、作文等。

接下来的一段时间,情况日益变好,学生的积极性也越来越高。当然偶尔还是会出现一些反复,比如声音不够有朝气,个别学生由于交作业、打扫卫生没有及时地进行晨间习读等。但是,可以肯定的是,学生们虽然入学时间不长,但他们已经适应了每天到校后的晨间习读,并且在奖惩制度的刺激下也更重视晨间习读了。

【讨论与反思】

晨间习读的知识容量和密度明显小于课堂,形式不像课堂教学那样规矩严格,但它能更好地体现学生的主体性,增进学生之间、师生之间的合作与默契,在激发学生学习语文兴趣方面起着积极的作用。对于晨间习读来说,好的组织方法是体现其价值与吸引力的重要保障,是改变学生对早读误解的"杀手锏",而且具有课堂教学形式无法比拟的巨大发挥空间。

第一,要充分发挥不同朗读形式的作用,追求创新。有声有色的朗读,可以变无形为有形,变抽象为具体,变平面为立体,加深对作品的理解,激发学生的感情。朗读教学的形式本身就千变万化,如齐读、领读、对读、评读、范读、轮读、抢读、比赛读、吟诵读、体验读、自由读、接力读、分角色读、表情朗读,等等。如果结合课文内容、学生特点,创造的空间将更为广阔。比如,齐读古文时可以采取原文与注释穿插读的方法,这就要求学生朗读时注意力高度集中,必须眼口心并用。

第二,要营造氛围,形成风格。根据早读的不同内容与主题,做不同的策划与情绪准备,营造相应的气氛,让学生始终处于一种积极的情绪状态,让每节早读风格迥异,成为独特的体验和享受。比如以赏读抒情、诵读评读、检测比赛、表演述评、研究思考分别为主题的早读,可以形成细腻唯美型、激越振奋型、紧张激烈型、百花齐放型、冷峻严肃型的早读氛围。晨间习读不仅要完成目标,还要成为语言与精神的盛餐、情感与心灵的洗礼。

第三,要充分将晨间习读形式活动化。语文是我们的母语教育,有基础,有语境,有资源,因此,学习母语应有别于学习外语,主要不是靠传授知识、揭示规律,而是靠在大量的、丰富多彩的语文实践与活动中感悟、领会,逐渐掌握运用语文的规律。通过丰富多彩的语文晨间习读活动,增强学生的合作,师生间的互动,这也是大语文教育观的目标与要求。可以成立一个专门的"智囊团",与教师一起策划,让早读成为学生阅读、想象、表达、展示、演绎才情的自由天空。

第四,要给学生充分的选择权、决定权。在完成晨间习读既定主题或目标之后,留一定时间给学生,依据学生的个性特征、能力水平、知识掌握程度等,让他们自己选择阅读材料,单独朗读或者同桌之间、小组之间合作朗读,让学生与语文更自然地"亲密接触"。

【实践启示】

语文的晨间习读要担负起激发学生对语文乃至对每一天学习的渴望与热情的重任,因此一定要吹响这清晨的这第一声号角,让早读成为激情语文的华美乐章。晨间习读的组织方法上要鼓励学生在教师宏观督导、监控下,自己组织主持。在早读前的策划、早读的过程中还应加强师生互动、学生互动、班级互动。总之,只要用心、用情,晨间习读一定会焕发无穷生机,为我们的语文教育增色添彩!

走进课堂,走进晨间习读

赵凌清

【背景】

古往今来,学校都重视早读课,连家庭教育也重视。"一日之计在于晨",早读是学生学习生活中的黄金时间,早读的好处很多,能够培养学生语感、口语表达能力以及好的读书习惯……早读一直以来都得到老师们,特别是语文、英语老师们的重视。

【案例】

六(5)班每天早晨7点左右学生陆续到校,值日生能在劳动委员的管理下打扫卫生,每个学生也都有意识地把作业交到各个小组长处。7:15分左右学生在课代表的带领下,进行有序早读。英语早读一般安排的是读课文、单词、词组及默写,要识记的内容较多,因学生尚处于六年级,很容易产生厌烦情绪,有些学生也只是一味地小和尚念经,有口无心。

进入初中,相比小学,学生的时间更紧了,学习任务也更重了,能够自主学习的机会也随之减得少之又少,于是早读就显得非常重要!有一句老话:"一年之计在于春,一日之计在于晨。"早晨空气清新,学生大脑清醒,适于背诵记忆。越是高年级,学生学习越是紧张,有些学生呈现出明显的睡眠不足现象,于是,早读时间安排不合理极易造成"满堂睡"的现象。因此,如何在有限的早读时间内既能提高学生的学习兴趣,又能有效提高学习成绩就摆在了老师的面前。

【反思】

利用好英语早读对学生学好英语能起到事半功倍的作用。然而,许多学生不知道早读做什么,结果收效甚微,于是就抱怨单词难记,英语难学,一部分学生就放弃英语。还有一部分学生苦苦地坚持着,但是英语成绩总不理想,学习也没有一点乐趣。所以教师教会学生利用好英语早读是帮助学生提高英语的一个突破口。

1. 让学生了解为何要英语早读

我们学习英语是为了交流,而不是应付考试。我们需要大声朗读英语,甚至需要有疯狂英语的精神。在日常生活中,我们可以看到很多学生虽然每次考英语都名列前茅,但是一旦让他们用英语交流起来却支支吾吾。应试教育让很多学生都学了哑巴英语，为了打破这个僵局，我们要让学生开口讲英语。

2. 早读任务明确化

没有明确的早读任务，学生没有压力，早读的实际效用不会很大，只是纯粹浪费时间。朗读是英语学习中一个非常重要的环节，通过大声朗读，学生既可以提高口语能力，又可以培养语感。因此，在早读课朗读单词、短语和课文应为常规任务。由于学生的学习水平不同，如果教师布置相同的早读任务，有些学生可能消化不良，而任务太轻，则对于学习成绩优秀的学生的提高没太大的帮助，他们会觉得这样束缚了他们。这时就需要我们教师多下些功夫，热情地帮助差生，给他们开口的勇气和学习英语的信心，根据不同的学生制定出适合他们的早读方案。任务要适中，要让多数学生有信心完成任务。

3. 早读形式的多样化

学校一般早读时间都有 15~30 分钟，一个学生如果早读读的都是单词、短文或句子，就容易感到疲劳，而如果每天早读都重复同样的事情，更会感到厌烦，因此，早读的多样化是非常重要的。下面我就介绍一些早读的形式。

一是教师或学生朗读。学生的朗读水平参差不齐，因而英语早读课上非常需要领读。教师可亲自领读，也可以让一些朗读能力较强、发音标准的学生领读，让大家读准、读好、读出美感、读出享受。有时也可让一些朗读能力差的学生读，边读边点拨，这样既可以提高学生的朗读水平，也可以培养学生的审美情趣，让学生在学习中得到美的享受。

二是跟着磁带录音朗读。让学生跟着磁带模仿朗读，不仅可以培养学生的语感、锻炼学生的模仿能力、提高学生的听力水平，还可以练出地地道道的口语。现在很多学生都有 MP3 等先进设备,学生可以借助这些设备,反复朗读他们觉得较难的单词、句子或文章,这样就避免录音读得太快跟不上或不敢主动问教师,从而大大增强他们的自信心。

三是互动方式。没有竞争就没有活力,事实证明,在早读课上引入竞争机制,能大大提高学生学习的积极性。如个人与个人、小组与小组展开多种形式的朗读比赛,听朗读带,看谁读得好,看谁读得快,看谁读得有感染力。还可以进行诗歌朗诵,分角色朗读,形式可以灵活多样。再如背诵比赛。开展"比一比、赛一赛,看哪一组背得快"活动,每一组通过背诵的,依次到黑板上签名,看哪一组通过率高,一节课下来检查完成任务情况,那些平时拖拉的学生为了本组的荣誉,肯定也不甘落后。早读结束,及时评出今日"背书之星",给一些小奖品予以奖励,能大大提高学生积极性。

总之,学生的主体性、教师的主导性在教学中无处不在,教师在早读课中的主导性加强了,学生的主体性也相应地得到进一步体现。学习英语本是一乐事,我们要努力走出早读课的一些误区,望早读课精彩起来,让学生在兴趣的海洋里快乐地掌握知识,培养能力。

4. 注重对早读的反馈

光分配任务,不进行相应的检查,对学生起不到督导的作用。这就要求教师在分配任务的前提下,应及时对学生的课上完成情况进行督导和检查,以此来督促学生以更高的质量来完成早读任务,巩固所学知识。检查可直接利用课上对所读内容进行提问,或对所记的单词进行听写,及时反馈早读成果。也可引入竞争机制,对高质量完成任务者进行物质奖励或口头的称赞。通过适时的督导,加强学生对记忆和理解成果的检验,及时引导学生对自己的学习方法和学习态度进行调整,强化记忆效果。再认与回忆既是检验记忆的指标,也是加强复习、巩固知识的一种有效方式。心理实验研究证明,再认与回忆结合,可大大提高记忆效果与巩固知识。有实效的早读一定要即时检查,应善始善终,保质保量。早读的最后五分钟是最佳抽查时间,抽查中教师要根据学生学习层次,注意优生差生兼顾,难易适中。比如让基础差的学生朗读所要求的词、段、篇等,中等生听写单词、短语或句子,优生背诵或复述课文。没有完成所要求的早读任务怎么办?责其限期"达标",下次早读再检查,绝不姑息迁就,只说不兑现,否则检查只会流于形式,使学生产生"南郭先生"式的投机取巧的心理,并养成对学习、工作不负责任的得过且过的坏习惯。总之,教师如能从一开始就做到有计划、有安排、有目的,并持之以恒,加以学生的有效配合,一定能收到良好的教学效果。

5. 英语早读课的学习方法

(1) 词汇,词组的记忆。掌握一些学习的方法是学好英语的关键。学生在早读课上肯定要记单词,但是记单词的方法也是多种多样的。对于课本里每一个单元学习后的词汇,大家可以对着单词表念,掌握每个单词的读法以及单词的词义,然后回到课文,大声念课文,这样才能读准课文,读出语感,读出文章的意思,从而达到对词汇的理解与掌握。如学生在朗读和记忆 father、mother、brother 等单词时,要让学生在读的过程中自己寻找单词的基本规律:每个单词最后都是以 ther 结尾。在对单词的记忆上还可以通过对单词的拼读进行记忆,做到在读中记,在记中读。

(2) 背诵的技巧。早读课是记忆的最佳时间,大声念是记忆的必要方法之一。记住了也就能背诵了。学好英语在很大程度上离不开背诵这一传统的方法。背诵时,有些同学习惯逐字逐字地背,把一个完整的句子弄得支离破碎,影响背诵的效果。我们知道句子是由短语构成的,不同的短语构成不同的意群,读的时候,应该按完整的意群进行停顿,保证句子形式和意思上的完整,这样在记忆中也是一个完整的句子。课文中那些句子较长、结构较复杂的句子是同学们最难理解、最难背诵的,对于这样的句子,同学们可以先分析其结构类型:简单句,分清主、谓、宾、定、状、补;复合句,弄明白是哪一种类型的复合句。同时,还要注意句与句之间的联系,这样就可以迅速理解句子的意思,背诵起来就容易多了。

总之,一堂高效的英语早读课能使不同层次的学生都各有所得,使教师及时掌握学生的学习情况。在英语学习的过程中,学生自身的主动作用是不可代替的。因此,科学合理地利用十几分钟的早读时间,不断引导学生养成积极投入早读的良好习惯,使其自觉培养学习英语的兴趣是非常重要的。让学生对早读的态度从被动转化为主动,才能提高早读课的学习效率。因此,在对初中英语早读进行新的探索和尝试的过程中,我们英语教师要做好协调和指导工作,要用科学创新理念,丰富早读内容和形式,使其适应当今"以人为本"的新课程教学改革思想,发挥早读课的实效功能,最终提高英语学科的教学效果。

培养晨间习读管理小干部的启示

王筱荔

早晨的空气清新,人脑清醒,是诵读的好时段,所以要利用好这段时间,培养学生良好的诵读习惯。讲解是死的,如同进行解剖;朗读是活的,如同给作品以生命。通过琅琅书声我们可以更好地理解作者写作的意境。

我班中晨间习读的纪律管理工作交给了班中的几位值日班长,要求当天的值日班长如实记录早读课的情况,如有同学出现捣乱纪律的,一律在值日手册上记录下名字。渐渐我发现,现在班中的班长,管理能力属于一般,在晨间习读时管不住班里的调皮学生,管理的同时会不自觉地和破坏纪律的人玩在一起,还会包庇由于班长的"不称职",班里经常有同学向我打报告。为此,我找班长好好谈了一次。我对班长说:"作为班长,其实就是一班之长,给同学树立的形象是正直、乐于助人、有号召力、有管理能力、有胆量敢于向别人指正的,你在给别人指出错误的同时,你要感觉到,你这是在帮助他。在班级里总会分好几拨人,一些人是自觉派,不需要管理的,他们是有能力管别人的;一些人是属于偶尔控制不知自己的,他们需要班干部的稍许提醒就能达到要求;还有一些人自控能力差,管不好自己的同时还要经常影响别人,这就需要班级里有影响力的人物进行督促和管理。如果晨间习读,有同学不自觉了,不肯读,那么必定会有人响应,如果一开始班干部没有管理好,那么'罢工'的同学将越来越多,到时候谁来收拾这副烂摊子?你作为一班之长,是班级里的班头,发现这种情况,不管你今天是不是值日班长,你应该冲在第一个大声喊'安静',用气势先压倒一切,这样其他值日班长在你的带领下才会渐渐跟上来,一起管理好班级的秩序。而且你在管理班级的同时,要不苟言笑,拿出严肃的态度来,这样同学们才会惧怕你,如果你也是嘻嘻哈哈,不痛不痒地进行管理,甚至和这些同学玩在了一起,没人会理会你。你如果能够严格地管理班级,其实你也是在同学们面前树立自己班长的威信,为自己加分,这样同学们会觉得我们班长确实是不错的。你试试看吧!拿出自己的勇气进行管理,我相信你在晨间习读时能够让大家有个安静的环境进行朗读。"

经过这次谈话后,班长渐渐开始按照我给她的建议去做了。同学们告诉我,现在晨间习读有一点声音时,班长就会大声叫道:"安静!"同学们会被她的这种气势吓一跳,然后在课代表的带领下继续放声朗读。有时候不是班长值日,她也会积极地进行管理,她和以前有了很大的转变,这才像我们眼中的班长。有时候班级里几个"多话分子"一起吵的时候,其他值日班长会在班长的带领下一个个把他们的声音压下去,并且班长会和语文课代表以及英语课代表一起商量读什么内容、怎么读,同学们也渐渐地越读越投入。

看到班长的一点点进步,我觉得和她的谈话还是起作用的。小干部在管理班级时有自己的优点,但也有不够成熟的地方,作为班主任是应该大声责骂,还是进行引导? 我想应该是后者,"授人以鱼不如授人以渔",这样他们才会真正记到心里,为班级做事。而且把一班之长"调教"好了,我相信其他值日班长也会效仿的。那么这个晨间习读的纪律会越来越好,同学们朗读的声音也会越来越亮,读出自己的感情,读出文章的韵味。

一个孩子的改变
——晨间习读案例

卢叶婷

晨间习读的时间虽然只有短短的 15 分钟,但俗话说"一日之计在于晨",早晨空气清新,头脑清醒,是诵读的大好时机。"书读百遍,其义自见""温故而知新",我们不该忽视这短暂的晨读时间,应尽量做到每天清晨教室里"书声琅琅"。我对学生的要求是要他们做到用心朗读,假如心不在焉,眼睛就不会仔细看书,就如小和尚念经,有口无心,便会白白浪费了早晨的宝贵时间。

我班的王旭是变化最大的一个学生。由于小学没有养成良好的习读习惯,到了中学依旧我行我素,常不能准时开始朗读。为此我特别利用班会课时间对学生进行教育,强调早读的重要性。大部分的同学能在老师的号召下自觉开始早读,剩下的同学在其他同学的读书声中陆续跟上,整个班级保持了一致的步伐。渐渐地,王旭有意识地早作准备,能在同学们开始早读时就已准备好课本,他的默写也有了显著的提高。

语文中朗读的作用显而易见。朗读，能使学生理解课文内容，感受课文语言的直观性和形象性，积累课文中的哲理、美句等。好的语句熟读了，记住了，就会在不知不觉中转化成自己的语言。读得多，感受自然也就深，自己的领悟就更加深刻了。英语中朗读的作用也非常重要。农村学校的英语教学很容易陷入哑巴英语的模式，即学生知道单词的意思，但读不准确。早读正是一个很好的机会，在你读和我读中就能区分到底谁读得准确，读不准确的就能纠正读法和发音。

晨间习读不仅使王旭的成绩有了显著的提高，更重要的是帮助他养成了良好的习惯。习惯是一种看不见的力量，是在不知不觉当中养成的。学生学习成绩的好与坏，不仅与学生的智力有关，更重要的还是与学生良好的学习习惯有关。良好的学习习惯是决定一个学生未来成功的基础和保障。王旭习惯的养成还得益于同学琅琅书声的氛围。当同学们都在朗读的时候而他一个却在独自做其他事情，那他就会显得另类、不合群。"孟母三迁"的故事使我们深深地体会到学习环境对孩子的重要性。营造好的学习氛围，对于班主任来说是工作的重中之重。当大部分同学都能自觉开始习读时，便不再有人敢做"出头鸟"而受到老师批评，久而久之，良好的学习氛围就能产生。浓厚的学习氛围才能使全体学生共同提高，相互启发，相互激励，良好的学风也在无形之中被建立起来。

班主任的力量总是有限的，只有在学生学会自觉自治时，班级才是一个良性发展的强有力的集体。在晨读时间中，营造一个学生民主自治管理氛围，是必由之路，它必将促进学生个性与班级群体的相互影响，形成班级良性风气。

王旭的行为也出现过一段时间的反复。当他感觉到不能坚持的时候，便会玩点手中的东西，希望以此打发时间。我发现了这个现象后，及时找他谈话，帮他分析早读的重要性。我告诉他"凡事预则立,不预则废"。做任何事情,都应该有计划,早读就是学习的计划之一,可以利用早读时间跟着课代表按照阅读内容、时间安排、达到的效果等方面有计划、有目标地去读。

王旭在经过一段时间的适应后,慢慢懂得什么时间应该做什么事情,能够及时转换状态,把重心放在了学习上。成绩的提高使得他对学习有了更深的兴趣,兴趣浓了,他的成绩又有了很大的飞跃。

好的开始就是成功的一半。早读课,作为新的一天的第一节课,其重要地位不言而喻。教师只有充分关注早读、利用早读,才能更好地提高教学效率。

早读,不再只是"读"

陆晓婷

作为一名老师,怎样安排好早读课的时光也是非常有讲究的。一般情况下,语文老师会选择读古诗、课文等,英语老师会选择读单词、课文等,那么对于一名数学老师,应该怎样安排好这短短20分钟时间呢?是简单的读公式、背概念?这些都太传统,一次两次还好,时间长了,学生可能就变成"小和尚念经,有口无心"了。

早读课虽然时间短,但是正可以利用这短短的20分钟,进行一些快速练习。因为简单的背概念激不起学生的兴趣,他们只是嘴上读读,并没有真正记在心里。再者,对于数学这类应用型的学科,真正的练是提高能力的最快方式。所以,在数学早读课上,我一般很少让学生以读书的形式展开,我会更多地利用早晨学生思维敏捷的优势进行一些思维训练的练习。例如,在教负数的四则运算阶段,我曾在早读课时安排大家进行简单的口答练习。当然,光口答可能还激不起学生的热情,所以我把它设计成了竞赛模式。具体操作如下:

（1）为学生分好小组，每 6 人一组，全班分成 7 组。

（2）每一组确立一名组长。

（3）由老师进行计分。答对加 5 分，答错扣 5 分。（为了产生负数，和学习形成联系）

（4）由全班同学计时，采用倒计时方式。

（5）由老师在屏幕上出题目，题目范围为 100 以内的正负数加减运算。互相之间不可提醒，若违反，则该学生所在小组扣 10 分。

（6）第一轮：必答题。按顺序每组事先派出一名同学，在听到题目 10 秒内回答算正确，超出时间则算错误。每组每次派出的同学不可为同一人。第二轮：抢答题。由老师出题后喊开始，第一个举手的同学回答。回答正确加分，回答错误扣分。每位同学最多可以回答一道题。

（7）根据经验，第一轮的必答题每位同学都能轮到一次，时间大概为 10 分钟，第二轮的抢答题 10 分钟时间可以进行 25 题左右。

学生对这样的竞赛模式非常感兴趣，参与度也很高，这不仅锻炼到每个学生的运算能力，还能帮助学生增强团队合作精神。

所以，早读并不一定要读，尤其是对于数学这门学科。书上的概念只是一个框架，学生应该在理解的基础上记住它们，而不需要像其他学科那样，一字不差地背下来。数学早读的形式很多，而目标只有一个：利用黄金时间，锻炼学生的思维能力。

小组合作管理初探

王静燕

众所周知，对学生管理进行改革的几十年来，卓然而成大家者，无一不是突出学生的主体地位，以学生积极主动参与的自主管理为探索目标。"指令性和专断的师生关系将难以维持"，魏书生等诸多教育改革家已给我们做出了榜样。然而在中学,自我管理和教育还未引起足够重视,相关的真正意义上的实践也相对较少。因此,我校作为一所农村学校,面对绝大多数就读生基础差、自律性不强等诸多不利因素的窘境,近年来一直致力于"晨间习读"这一平台,进而推进实现学生班级管理自主化。

作为一所农村中学要办出成绩,若没有良好的班级管理作后盾,真是难上加难。一个班级由班主任与几个班干部来管理,很难出成绩。为此,我尝试用"小组合作管理制"这一模式,实践下来效果不错。小组合作管理是把班级分成若干个小组,小组成员共同管理组内的学习、纪律、卫生。小组是班级管理的基层组织,小组不能解决的问题交给班委会,班委会是班级管理的高层组织。这样分层管理,人人参与管理,充分发挥学生的自主性、主动性,发展学生的自我管理能力,培养学生的团结协作精神,更有利于课改中推行的小组合作学习的开展。这一模式在"晨间习读"活动中,效果尤为显著。小组合作管理的实施策略主要有以下几个方面。

1. 科学分组,合理分工

科学分组,合理分工,这是小组合作管理顺利开展的前提。教师应根据学生的智力水平、认知基础、学习能力、心理素质等进行综合评定,然后按照"组内异质,组间同质"的原则进行分组。组内异质是每个组要有好、中、差各个档次,组间同质是组与组之间要实力均衡。我主要根据学生的学习成绩与纪律表现把班级平均分成7个小组(每组起一个个性化的名字,如胜利队、梦幻队),每组6个人,并将他们的座位摆放成块状,相对固定在一个区域。这样既能保证公平竞争,又便于开展小组合作活动,利于优劣互补。初中学生有极强的表现欲与展示欲,希望老师给他们一些管理权来发挥他们的才能,组内成员都应有分工,选出总组长、卫生组长、英语学科组长、语文学科组长、数学学科组长等,这样每个人都有一定职责,手底下都有可以指挥的对象,可以很好地发挥主观能动性,自觉完成任务。一定阶段后在组内进行角色互换,使学生在小组中有机会充当任何角色。在进行分工时,最重要的是选好总组长,总组长是一个小组活动的组织者,是教师的小助手,选好总组长直接关系到管理的效率和成败。总组长必须有非常强烈的集体荣誉感,能带头,有威信,有组织能力。

2. 全面制定组规,共创奋斗目标

小组成员生活在一起,彼此了解,形成相互合作、相互信任、相互鼓励的氛围。再通过全体成员的共同参与,从学习、纪律、卫生方面明确一个共同奋斗目标,作为组规,约束成员的散漫行为,抑制成员的厌学情绪。如班上的胜利队针对"英语晨间习读"中鸦雀无声的现象,规定组内成员轮流带读英语,促进学习;梦幻队规定每日写一篇反思日记,增强自我教育意识;游击队规定违纪屡教不改者,应遭孤立或"驱逐出境";超级队规定学习上不懂可以讨论,绝对不准抄作业,违者罚唱一支歌。在组规的制定过程中,学生充分认识到班级中存在的问题,发挥主人翁精神,积极为班级的建设出谋划策,锻炼了他们分析问题、合作解决问题的能力,极大地培养了他们的创新精神与实践能力。在组规的执行过程中,组员之间互相督促,互相谅解,拧成一股绳共同进步。学生间的教育力量是无限的,他们的智慧是无穷的,只要让学生都积极主动地参与班级事务,让每个学生都成为班级的主人,教师与学生共同实施管理活动,定能形成良好的班风与学风,为学校办学打下坚实的基础。

3. 建立"小组成员成长档案"

档案中记录成员每天的出勤、学习、奖惩情况,档案主要由各组值日生填写,自评由本人填写,填写后交总组长保管。每星期依此评出一名优秀组员,激励学生从我做起,个个力争达标创优。学期结束时把档案反馈给每位家长,班委也依此评选"班级之星"。

4. 晨读日记，感受成功

教学的最大收获应该是让每一位学生感受读书学习的成功。从一开始，我就在班中推行晨读日记。写晨读日记的操作过程是：(1)要求学生在教师布置的晨读任务后面写批注型日记，日记可以写读后感，也可以写其他。(2)每周交流一次晨读日记，教师及时总结后进生的成功点并及时采取适当的方式加以表扬。(3)每半期进行一次全班性的晨读日记大展评，大面积调动同学们的晨读积极性，让晨读真正成为学生的一种习惯，为终身学习打下坚实的基础。

5. 成立"班级工作评议团"

班级是个集体，有了小组的基层管理组织，还应有高层管理组织来加强小组间的联系，使各小组联合成一个集体，这就是"班级工作评议团"——班委会。评议团的成员由各组的总组长组成，他们担负6个方面的职责。(1)组建班规。从各组规中挑选好的条文作为班规。(2)主持每3周一次的小组擂台赛。擂台赛主要围绕"晨间习读"中相关内容展开，有朗读比赛、演讲比赛等。它是班级文化的一种表现形式，其目的是给学生创造一个展示才华的平台，体验成功，培养学生的集体荣誉感，同时陶冶他们的情操，发展他们的能力，充实他们的课外生活。(3)负责优胜组的评选方案设计及评判。小组管理有合作，也有竞争，竞争是进一步合作的动力。每月评出一个队为优胜组，激励各组团结协作，取长补短，共同进步，使组内整体水平得到提高。(4)调解组间的纠纷。小组间有竞争，就有纠纷，评议团应全面了解组间矛盾及其产生与发展过程，采取切实有效的措施平息纠纷，增进团结。(5)组织好每天的"晨间习读"和每周一次的班会。各组每天根据学科老师事先计划好的习读内容，在课代表的带领下，组织自己小组的组员进行习读。班会课先由各组总结前一周的成与败，再由评议团总结和布置班级工作,与同学沟通、交流管理措施。(6)配合学校组织的大型活动,组织本班的相关活动,完成学校其他部门交给的相关工作。

赫尔巴特说:"如果不坚强而温和地抓住管理的缰绳,任何功课的教育都是不可能的。"这话道出班级管理工作的重要性。虽然班级管理的对象是学生,然而不能把学生当作没有思想、没有情感的被动的受管理者,而应该把他们当作有思想、有意志、有情感的主动发展的个体。小组合作管理实现人人都是管理者,人人又都是被管理者,学生从中自觉意识到管理的必要性,特别是自我管理的必要性,减少学生对管理的抵触甚至对抗的情绪。这一班级管理模式现阶段主要在"晨间习读"活动中进行实践,接下来将进一步调整、完善、运用到班级管理的各个方面,期待它会给我们班级带来一个又一个的惊喜。

晨间习读——培养学生自主管理的有效手段

朱晓村

早读,一方面在于巩固,另一方面在于记忆,而且还能提高个人的精神面貌。所以古往今来,早读一直受到重视。

自主学习使学生真正成为学习的主人,学生主动掌握整个学习过程,自发、自觉地投身学习,自己对自己负责。自主学习,还可以使学生走出传统,走出书本,求真务实,勇于进取,乐于改革,欢迎新事物、接受新观念,充分发挥自己的潜力,尊重别人的劳动、贡献,注重效率。

既然早读和自主学习都相当重要,于是我便有了一个想法:把两者结合在一起。下面我就来谈谈自己的数学早读课。

数学不比语文与英语,没那么多课文需要朗读。数学注重计算,于是我在每个早读课让学生每人练5道计算题。这5道题目为不是我出的,每个班级都是6个小组,我从每个小组中各挑选出一名数学比较好的同学,让他们担任数学小组长,每次的5道题由他们轮流来出。每个早读就由他们中的一个担任小老师,将题目出在黑板上,其他学生在自己本子上完成。因为数学早读课次数比较少,几个小组长都非常珍惜这机会,表现都非常好,可以看出他们准备的题目是精心挑选或自己出的。学生做完之后,交给各自的数学小组长,而小组长的则交给当天的小老师。先由小老师批好几个数学小组长的,再由小组长批各自组员的。而身为老师的我,只要在旁边看着就行。一个学期下来我觉得这个做法非常有效果。几个小组长深知自己责任重大,原本粗心马虎的习惯有了很大的改观,正确率大大提高。有几个本来基础比较差的同学也表现不错,有不会做的题会主动去问他们的数学小组长。而小组长也很有耐心和爱心地教导自己的组员,学生在各自的位置上意识到了自己的责任。

苏联教育家苏霍姆林斯基说过:"真的教育是自我教育。"作为一名数学老师,数学这科目是贯穿着整个学习阶段,在以后的生活中,数学的思想还一直影响着人的发展。我认为数学成绩的提高不单要依赖教师的辛勤工作和劳动,亦依赖于学生良好的自主管理能力和对数学学习的积极参与。初中阶段是个体从儿童向青少年过渡的时期。初中学生具有半幼稚、半成熟、半儿童、半成人的特点。这个年龄阶段是他们身心发展突变的时期,不论在生理方面还是在心理方面都存在着不少特殊矛盾。初中生最突出的心理矛盾是:渴望独立自主与成人管教的矛盾,个人活动的欲望与集体行为的矛盾,个人活动能量大与认识水平低的矛盾。学生从小学到初中,学习动机从兴趣型逐渐向信念型过渡,思维能力开始得到发展,意志行为开始日益增多,但又区别于高中阶段的学生,因此需要教师进行相应的指导,同时进行相应的放手。指导与放手的结合,学生才能形成自我管理能力,从而促进学习的进步。

晨读——不落的一幕

周丽君

把校园、教室想象成一个有山有树有水的佳境:山是远黛含烟,树是四季常青,水是潺潺溪流。

仰观层峦叠嶂,高峰入云,俯视绿树婆娑,水色清明。在鸟语花香中,忘却俗尘,"鸢飞戾天者,望峰息心;经纶世务者,窥谷忘反"。早晨空气清新,人经一夜之息,头脑最为清醒,精力也很旺盛,此时最宜晨读,挟一本心爱之书,琅琅高声,让跳跃的字符,舒展心灵之旅。

晨读要有好的氛围,要宁静,愉悦,轻松,洒脱。"一天之计在于晨",迎着朝阳,伴着晨风,无穷的妙思奇想随着口中文字吞吐。

晨读也如晨练,要持之以恒。

每天15分钟,齐整,大声,从窗口飘出的是一份坚持、淡定和从容。

在晨读中可以试着赏那洛阳的牡丹,看那大漠里的胡杨,还有戈壁上的向日葵。

可以站在皲裂的黄河岸上看那浓稠的泥水翻涌,也可以在那月亮湾牛奶样的水里沉醉。

让不懈的晨读卷走黄沙,带走烦恼,照亮孩子们的心灵,伴随他们成长的脚步。

晨读之好处已无须多谈,但晨读背后隐藏着的负效应,不能不说。

一是晨读使学生失去了读书的快乐。晨读时大体是一名班干部在讲台前督促,全班同学齐读。我对于此类晨读,最大的感慨是"不堪入耳,不堪入目"。一次听到学生读《爱莲说》,学生有气无力,最后那声"宜乎众矣",更是势如哀调,惨不忍"听"。这样的例子绝非一两个,可以说,大多学生自行组织的晨读都如小和尚念经,多少还带着点无奈和抗议。我也责问过学生:你们课上不是读得挺好的吗?学生反问道:课文读了那么多遍了还有什么劲呀?的确,一篇课文总要花上两三个课时,而阅读教学又要抓住个"读"字,光课上也读了不下六七遍。教前,晨读时要预习性朗读一两遍;教后,晨读时又要复习性朗读一两遍,早读烂了。设身处地为学生想一想,就这么一百来字的一篇课文,反复地读来又读去,能有读书的快乐吗?

二是晨读使老师淡化了阅读教学的研究。我们老师很重视晨读,往往亲自坐镇,听到学生晨读时哪个地方读得不好,就叫学生停下来,或纠正,或指点,或示范,但晨读这个老酒瓶需要注入新内容了。晨读应该引导学生去多读读课外的,让学生在清晨亮丽的阳光下读新鲜的作品,让新鲜的文字吸引学生阅读的目光和纯粹的心灵,这样的晨读才是美的,活的,有着阅读的活力与张力的。

寄希望有效的晨读,不再让教辅书籍备受冷落,不再让校图书馆门庭冷落。还给孩子们一定的自由度,一小块朗读的自留地!

"我深知黎明来临,我的心灵觉醒时,你会收到我的一朵小花,它是我的爱,是对你那无价的伟大的世界的回赠。"借用这句话,我想说,有效晨读的回赠是无法言说的。大量优美的文字进入孩子的视野,这才是孩子学习的天堂。还给孩子自由阅读的机会,让他们伴着朝阳晨曦,放声朗读,拉开一天快乐学习的序幕!

图书在版编目(CIP)数据

翅膀的痕迹：陈龙教育笔记 / 上海市吴淞实验学校编 .— 上海：上海社会科学院出版社，2022
ISBN 978-7-5520-3759-3

Ⅰ. ①翅… Ⅱ. ①上… Ⅲ. ①教育—随笔—中国—文集 Ⅳ. ①G52-53

中国版本图书馆 CIP 数据核字(2021)第 256332 号

翅膀的痕迹——陈龙教育笔记

编　　者：上海市吴淞实验学校
出 品 人：佘　凌
责任编辑：陈如江
封面设计：黄婧昉
出版发行：上海社会科学院出版社
　　　　　上海顺昌路 622 号　邮编 200025
　　　　　电话总机 021-63315947　销售热线 021-53063735
　　　　　http://www.sassp.cn　E-mail：sassp@sassp.cn
照　　排：南京理工出版信息技术有限公司
印　　刷：上海龙腾印务有限公司
开　　本：890 毫米×1240 毫米　1/32
印　　张：7
字　　数：170 千
版　　次：2022 年 1 月第 1 版　2022 年 1 月第 1 次印刷

ISBN 978-7-5520-3759-3/G・1144　　　　　　　　定价：58.00 元

版权所有　翻印必究